Helmut Hild

Werft euer Vertrauen nicht weg

Dem Präses der Kirchensynode
der Evangelischen Kirche in Hessen und Nassau

Professor Dr. Otto Rudolf Kissel

mit Dank für die Gemeinsamkeit
auf einem langen Weg

Helmut Hild

Werft euer Vertrauen nicht weg

Predigten im Lutherjahr

BRUNNEN VERLAG · GIESSEN/BASEL

ABCteam

ABCteam-Bücher erscheinen in folgenden Verlagen:
Aussaat- und Schriftenmissions-Verlag Neukirchen-Vluyn
R. Brockhaus Verlag Wuppertal
Brunnen Verlag Gießen
Bundes Verlag Witten
Christliches Verlagshaus Stuttgart
Oncken Verlag Wuppertal

Fotonachweis:
Gramer, München S. 88
Hertel, Worms S. 22
Schlöting, Wiesbaden S. 46
Spitzeley/v. Lingen, Bonn S. 15
Stadtarchiv Worms S. 8, 30
Fotoarchiv Stadtkirchengemeinde Darmstadt S. 60

Umschlag: Hans Jürgen Rau, Dreieichenhain
mit einem Bild von Ina Isabell Rau
aus der Zeitschrift „im gespräch"
Satz: Uhl + Massopust GmbH, Aalen
Herstellung: St.-Johannis-Druckerei, Lahr
ISBN 3-7655-2329-1

Inhalt

Vorwort

Das Jubiläumsjahr des 500. Geburtstages von Martin Luther stand in den evangelischen Kirchen deutscher Sprache unter dem Leitwort: „Gott über alle Dinge fürchten, lieben und vertrauen!“ Diese Losung sprach zu Menschen in einer Zeit, die von heftigen Zweifeln an der Zukunft und von Angst beherrscht ist.
Für Martin Luther war die Predigt als Auslegung der Heiligen Schrift und damit als Verkündigung des Wortes Gottes eine sichere Hilfe gegen Zweifel und Angst und das Fundament unbedingten Vertrauens. Im Großen Katechismus von 1529 schrieb er: „Willst du Gnade erlangen, so sieh zu, daß du das Wort Gottes aufmerksam hörst und sorgfältig bedenkst. Das Wort, sage ich, und das Wort allein ist das Vehikel der Gnade.“
An die Gnade Gottes sind wir gewiesen, wenn uns in den Zweifeln und Ängsten die Hoffnung auf sein Heil halten soll. Eindringlicher als je zuvor lehren uns die Spannungen und Schwierigkeiten dieser Zeit, daß wir ohne Gottes Gnade nicht zurechtkommen. Ebenso kann die Kirche ihre Aufgabe als Gemeinde Gottes in der Welt nur erfüllen, wenn ihre Glieder aus dieser Gnade leben.
In der Predigt sah der Reformator deshalb den wichtigsten Dienst der Kirche. „Das Wort Gottes“, sagte er einmal, „ist von allem das erste.“ Im Lutherjahr war der Prediger also unter eine besondere Herausforderung gestellt: mit der Aufgabe, das Erbe Luthers für die heutigen Menschen zu bedenken, und gegenüber den Ängsten der Zeit, die nach einem festen Grund für Vertrauen und Hoffnung rufen.
Als Vorsitzendem einer Kirchenleitung, zudem in der Landeskirche, zu der die Lutherstadt Worms gehört, war dem Verfasser die Möglichkeit geschenkt, die Botschaft von der Gnade Gottes bei besonderen Anlässen im Lutherjahr zu verkündigen. Diese Predigten sind in dem vorliegenden Buch veröffentlicht – unter dem Wunsch, daß sie dazu beitragen, Vertrauen und Hoffnung zu stärken.

Darmstadt, im Advent 1983 D. Helmut Hild

Brot des Lebens

Predigt am Sonntag Lätare 1983; Gottesdienst zur Frühjahrssynode der Evangelischen Kirche in Hessen und Nassau, Dreifaltigkeitskirche Worms

Die Kirchensynode ist das maßgebende Organ der geistlichen Leitung und der Ordnung für die Evangelische Kirche in Hessen und Nassau. Ihr gehören etwa zweihundert gewählte und berufene Mitglieder an. Sie tritt in der Regel zweimal jährlich zusammen. Die Lutherstadt Worms liegt im Gebiet der Evangelischen Kirche in Hessen und Nassau. Im Jubiläumsjahr des Reformators fand erstmalig eine Tagung der Synode in Worms statt.
Eine Besinnung zur Buße gab den Anstoß zum Bau der Dreifaltigkeitskirche. Der pfälzische Erbfolgekrieg von 1688 hatte die wohlhabende Stadt Worms in Flammen aufgehen lassen. Darin sahen die Bürger ein Gericht Gottes, dem sie Lob und Dank schuldig geblieben seien. Die barocke Kirche, die 1725 eingeweiht wurde, sollte von einer veränderten Gesinnung Zeugnis geben.
Von Anfang an war die Dreifaltigkeitskirche dem Gedächtnis der Reformation gewidmet. Vor allem sollte sie an die Ereignisse des Wormser

Reichstages von 1521 erinnern. Dort hatte Martin Luther vor dem Kaiser und den Reichsständen die Aufforderung, seine Schriften zu widerrufen, mit diesen Worten zurückgewiesen:
„Wenn Eure Majestät und Eure Herrschaften denn eine einfache Antwort verlangen, so werde ich sie ohne Hörner und Zähne geben. Wenn ich nicht durch Schriftzeugnisse oder einen klaren Grund widerlegt werde – denn allein dem Papst und den Konzilien glaube ich nicht; es steht fest, daß sie häufig geirrt und sich auch selbst widersprochen haben –, so bin ich durch die von mir angeführten Schriftworte überwunden. Und da mein Gewissen in den Worten Gottes gefangen ist, kann und will ich nichts widerrufen, weil es gefährlich und unmöglich ist, etwas gegen das Gewissen zu tun. Gott helfe mir. Amen."

Wahrlich, wahrlich, ich sage euch: Wer glaubt, der hat das ewige Leben. Ich bin das Brot des Lebens. Eure Väter haben in der Wüste das Manna gegessen und sind doch gestorben. Dies ist das Brot, das vom Himmel kommt, damit der, der davon ißt, nicht stirbt. Ich bin das lebendige Brot, das vom Himmel gekommen ist. Wer von diesem Brot ißt, der wird in Ewigkeit leben. Und dieses Brot ist mein Fleisch, das ich geben werde, damit die Welt lebt.

Johannes 6,47–51; Predigttext des Sonntages

Liebe Synodale, liebe Gemeinde!

Die Synode unserer Evangelischen Kirche in Hessen und Nassau tagt an diesem Wochenende in Worms. Sie will damit im Jahr des 500. Geburtstages von Martin Luther der Stadt ihre Aufwartung machen, die für das Leben Luthers und für die Reformation von großer Bedeutung gewesen ist. Auf der Synode ist es mitunter zugegangen wie in der Reformationszeit. Wir haben lebhaft darüber gestritten, was heute Aufgabe der Kirche sei. Die Synodalen haben sicher die vielfältigen Stimmen der Diskussion noch im Ohr.
In dieses Stimmengemisch hinein erklingt nun wie ein Trompetenstoß das Wort Jesu: „Wahrlich, wahrlich, ich sage euch: Wer

glaubt, der hat das ewige Leben. ICH bin das Brot des Lebens!" Vor diesen entschiedenen Worten, vor ihrem gewaltigen Anspruch überfällt uns förmlich das Gefühl, daß unser Reden zweitrangig ist und verstummen muß, wenn ER spricht.

I

In der Aussprache der Synode wurde immer wieder gefragt: Was können wir als Christen tun, um in den vielen Schwierigkeiten unserer Zeit zu helfen? Was können wir für den Frieden tun, was zur Verminderung der Arbeitslosigkeit? Wir haben erkannt, daß viele Menschen heute ratlos sind und nicht wissen, wie es weitergehen soll. Uns wurde klar: Es gibt einen großen Hunger nach Leben, nach einem Leben, das sich lohnt und Sinn hat.

Auch das ist uns in der Synodaldebatte bewußtgeworden: Die Menschheit hat große Gaben und Möglichkeiten. Uns stehen hervorragende Mittel zur Verfügung, um Not zu bekämpfen, Krankheiten zu beseitigen, die Lebensbedingungen zu verbessern. Aber von diesen Gaben gehen auch die Bedrohungen aus. Die Waffen, die alles vernichten können, entspringen den gleichen Fähigkeiten, denen wir die hilfreichen Einrichtungen der Krankenhäuser verdanken.

Das zeigt uns: Wir sind nicht in der Lage, die Bedingungen zu schaffen, unter denen man sinnvoll und ohne Angst leben kann. Denn mit den Gaben, die uns zur Verfügung stehen, können wir zugleich Brot und Gift herstellen. Es sind Gottes Gaben – ohne Zweifel. Aber unter unseren Händen verwandeln sie sich nicht selten zu einem wahren Teufelswerk. Nicht einmal das Manna, das vom Himmel geregnet war, blieb in den Händen der Menschen reine Gottesspeise. Seinen jüdischen Zuhörern sagt Jesus: „Eure Väter haben in der Wüste das Manna gegessen und sind doch gestorben!"

Deshalb muß unsere erste und wichtigste Frage lauten: Wie können wir mit Gott ins reine kommen, dessen gute Gaben wir zum eigenen Unheil mißbrauchen? In solchem Fragen drängt sich sozusagen unser ganzer Lebenshunger zusammen.

Martin Luther sagte dazu in einer Predigt über unseren heutigen Text am Sonntag Lätare des Jahres 1524 in Wittenberg: „Es

gibt keinen Menschen, der nicht diesen Hunger verspürte. Sogar die Heuchler spüren ihn. Sonst würden sie ja nicht Mönche, was sie doch tun, um dem Tode zu entrinnen."
Findet sich Antwort, gibt es Abhilfe gegen solchen Hunger? Jesus antwortet: „Ich bin das Brot des Lebens. Dies ist das Brot, das vom Himmel kommt, damit der, der davon ißt, nicht stirbt. Ich bin das lebendige Brot, das vom Himmel gekommen ist. Wer von diesem Brot ißt, der wird in Ewigkeit leben."

II

Auf der Synode hat uns auch die Tatsache beschäftigt, daß viele Menschen die Sprache der Bibel nicht mehr verstehen. Worte wie Gott, Himmel, Ewigkeit sind für sie leer. Damit können sie nichts anfangen. Unser Bibelabschnitt ist von einer seltsamen Spannung erfüllt. Da stehen schwere, kaum faßbare Sätze – wie etwa diese: „Ich bin das lebendige Brot, das vom Himmel gekommen ist. Und dieses Brot ist mein Fleisch, das ich geben werde, damit die Welt lebt." Doch dann kann es sein, daß Menschen über dem Wort „Ich bin das Brot des Lebens" plötzlich aufhorchen und denken: Brot des Lebens – darum geht es. Das brauche ich!
Im Johannesevangelium wird erzählt, daß sich große Menschenmengen um Jesus drängen. Zu dem Platz, an dem er sich in unserer Geschichte befindet, kommen sie sogar mit Booten über den See Genezareth. Ich bin sicher: Weil sie spüren, daß um diesen Mann etwas Besonderes ist.
Ihnen ist zwar bekannt, woher er kommt. Deshalb fragen auch diejenigen, die immer alles besser wissen: „Ist das nicht Jesus, der Sohn Josefs, dessen Vater und Mutter wir kennen?" Aber die Leute entdecken an ihm Kräfte, nach denen sie suchen. Sie begegnen einem Menschen, der es anders hält als alle anderen; der nicht zuerst sich selbst sieht, sondern seine Mitmenschen. Sie empfangen Hilfe von ihm, in Hunger und Krankheit, und merken: Seine Hände sind gesegnet. Ja, in seiner Nähe erleben sie, daß die Sorgen weichen und die Angst gebannt wird.
Wir haben freilich die Möglichkeit zu dieser direkten Begegnung nicht. Darum können wir auch kaum nachempfinden, was die Leute damals mit Jesus erlebt haben. Aber wir kennen

und hören die Botschaft von einem Ereignis, in dem das alles dicht zusammengefaßt ist und noch viel mehr. Die Botschaft sagt uns, daß ER sein starkes, gutes Leben uns Menschen geschenkt hat. Von diesem Ereignis sprechen auch die rätselvollen Worte, mit denen Jesus seine Rede abschließt: „Und dieses Brot ist mein Fleisch, das ich geben werde, damit die Welt lebt."
Vor drei Wochen stand ich mit den Vorsitzenden des nationalen Kirchenrates in den Vereinigten Staaten von Amerika vor dem Wormser Lutherdenkmal. Unseren Gästen fiel der Trotz auf, der aus diesem Monument spricht. In der Tat: „Und wenn die Welt voll Teufel wär' und wollt uns gar verschlingen ...!" Luther in Worms – das kann uns zeigen, was Jesus meint und welche Wirkungen davon ausgegangen sind.
Was geschah damals im Frühjahr 1521 in Worms? Für den mittelalterlichen Menschen – und Luther war einer – stellte sich die Welt ganz einfach dar. Über allem waltete Gott. Unter ihm aber gab es zwei Autoritäten, die Gott selbst eingesetzt hatte: Den Papst für die Kirche und die Religion, den Kaiser für die Welt. Auch Luther war überzeugt: Diese Autoritäten sind von Gott eingesetzt, und die Menschen schulden ihnen Gehorsam. Als er mit dem Leben nicht zurechtkam, suchte er in der Bibel nach einem Weg und entdeckte: Trotz Papst und Kaiser ist mir Gott persönlich ganz nahe. Denn in Jesus Christus hat er sich mir selbst geschenkt, mir und der ganzen Welt. Wenn ich das glaube, mich darauf verlasse, dann ist der Hunger nach Leben gestillt. Dann weiß ich: Gott ist auf meiner Seite. Nicht einmal der Tod hat Macht über mich. Es ist wahr: „Wer glaubt, der h a t das ewige Leben."
Die Kirche war mit dieser Direktheit des Gottesverhältnisses nicht einverstanden. Das setzte ihre ganze Ordnung aufs Spiel. Und weil Unordnung in der Kirche auch Unordnung in die Welt bringen mußte, trat der Kaiser dem Papst, dessen Macht er sonst überhaupt nicht schätzte, gegen den kleinen Mönch aus Wittenberg an die Seite. Hier in Worms sollte er vor dem Reichstag seine Auffassungen widerrufen oder der Reichsacht verfallen. Reichsacht – das hieß: Jedermann konnte den Geächteten totschlagen, ohne Strafe zu fürchten.
Luther aber, der dem Kaiser als unbelehrbarer Störenfried und wegen seiner tiefliegenden Augen unheimlich war, widerrief nicht. Er wagte es, sich gegen die höchsten Mächte seiner Welt

zu stellen und damit nach Ansicht der meisten Zeitgenossen auch gegen Gott. Er riskierte Acht, Bann und Tod und brachte das alles fertig, weil er gewiß war: Christus ist für mich gestorben; sein göttliches Leben ist nun mein Leben, und dieses Leben braucht die ganze Welt.

III

Was dann kam, hatte Luther selbst nicht erwartet. Die Leute griffen nach der Bibel, die er ihnen neu aufgeschlossen hatte, wie die Hungernden nach Brot. Mit einem Male war ihnen das klar: Jesus Christus „ist das Brot, das vom Himmel kommt, damit der, der davon ißt, nicht stirbt". ER ist wahrhaftig das Brot des Lebens.

Luther hat das in der schon erwähnten Predigt so ausgedrückt: „Das heißt hungern und bedürftig sein: Wenn einer den wahren Glauben ergreift und nicht auf seinen eigenen Mut baut, der weiß alsbald, daß ihm die Sünde vergeben ist. Christus lebt in Ewigkeit. Der Tod kann mich nicht überraschen. Das Herz dessen, der da glaubt, ist unerschrocken. Er fragt nicht nach der Welt und ihren Fürsten. Denn sein Herz ist gespeist mit der Speise des Wortes Gottes."

Indessen: Die Zeit ist vergangen, als Jesus am See Genezareth wirkte und redete. Auch die Stunde ist vergangen, in der er am Kreuz starb und seinen Körper, sein Fleisch den Menschen preisgab. Die Stunde von Worms ist vergangen und Martin Luther mit ihr. Wir spüren noch etwas von der Bewegung, die von den Worten Jesu, von seinem Opfertod ausgegangen ist, von der Bewegung, die Luther ergriff und deren Anstöße er weitergab bis in unsere Zeit. Aber lebt unsere Welt davon? Lassen wir das auch für uns gelten, daß Jesus „das Brot des Lebens" ist, das Wichtigste von allem, unverzichtbar?

Während der Synode hat sich uns beim Bedenken der Gefahren, die auf unserer Welt lasten, erneut bestätigt, was wir alle längst ahnen: Wir haben die Mittel nicht, die nötig sind, um den Hunger nach Leben zu stillen. Wir sind nicht einmal fähig, den körperlichen Hunger vieler Menschen erfolgreich zu bekämpfen und der Welt den Frieden zu schaffen, den sie zum Leben braucht. Warum soll dann das Brot, das Luther eine so unbän-

dige Lebenskraft und Hoffnung schenkte, nicht auch unser Lebensbrot sein?
Vielleicht ist es kein Zufall, daß unser Bibeltext mit dem Satz beginnt: „Wer glaubt, der hat das ewige Leben." Was Jesus uns gibt, was es für uns heißt, daß er für uns gestorben und auferstanden ist, das begreifen wir erst, wenn wir glauben. Wenn wir ganz einfach davon ausgehen: Das stimmt. Ich kann mich darauf verlassen. So wie sich Martin Luther darauf verlassen hat, als er vor die Mächtigen der Welt trat.
Wir sind nicht von den persönlichen Gefahren bedroht, denen Luther ausgesetzt war. Aber auch wir können erleben, wie sich der Glaube praktisch bewährt. Zum Beispiel in den Bedrohungen unserer heutigen Welt. Wenn wir glauben, wissen wir: Christus ist auch für die Menschen gestorben, die unsere Hilfe brauchen. Er hat uns zu Brüdern und Schwestern gemacht. Und er hat sein gutes Leben auch den Menschen geschenkt, die in den gefährlichen Auseinandersetzungen dieser Zeit im gegnerischen Lager leben. Deshalb sind wir auch ihnen Verstehen und Frieden schuldig. Weil Gott unsere feste Burg ist, werden wir frei von der Angst um uns selbst und müssen uns nicht länger auf Waffen verlassen, die die ganze Welt verheeren können.
„Wer glaubt, der hat das ewige Leben. Ich bin das Brot des Lebens!" sagt Jesus. Von dieser Zusage geht eine große Hoffnung aus für unser Leben, für das Leben der Welt. Laßt sie uns ergreifen und glauben! Amen.

Hilfe zur Verantwortung

Predigt im Gottesdienst zur Eröffnung des 10. Deutschen Bundestages am 29. März 1983; Kreuzkirche Bonn

Am 29. März 1983 hat sich der Deutsche Bundestag der 10. Wahlperiode konstituiert. Vor der ersten Sitzung des neuen Parlamentes wurden ein evangelischer und ein katholischer Gottesdienst gehalten. Am evangelischen Gottesdienst in der Bonner Kreuzkirche nahmen zusammen mit vielen Christen der Stadt der Bundespräsident, Mitglieder des Bundeskabinetts und zahlreiche Abgeordnete des Bundestages teil. In den Gottesdiensten war von der „Verantwortung vor Gott und den Menschen" zu sprechen, auf die in der Präambel des Grundgesetzes der Bundesrepublik Deutschland hingewiesen wird.

Gelobt sei der Herr täglich. Gott legt uns eine Last auf, aber er hilft uns auch.

Psalm 68,20

Liebe Gemeinde!

Dieser Psalmvers steht im Herrnhuter Losungsbuch am Anfang der ersten Arbeitswoche des neuen Bundestages. Er steht auch am Anfang der Karwoche. Das ist ein Zusammenhang, der für unsere Überlegungen zu dem Bibelwort Schwerpunkte setzt.

I

Beim ersten Hören richtet sich die Aufmerksamkeit am heutigen Tag vielleicht am stärksten auf die Feststellung: „Gott legt uns eine Last auf." In der Tat: Wer heute politische Verantwortung übernimmt, kann nicht übersehen, daß er sich damit Lasten auf die Schultern lädt. Zuerst persönliche Lasten. Die Beanspruchungen im politischen Amt sind groß, und sie wachsen weiter.

Es ist schon seltsam: Je stärker unsere Gesellschaft vom Bemühen bestimmt ist, die Lasten des Lebens möglichst gerecht zu verteilen und dem einzelnen Menschen lastende Sorgen abzunehmen, um so mehr bürdet sie denen, die Entscheidungsverantwortung tragen, Lasten auf. Aber diese Lasten sind zu bewältigen. Wer sie übernimmt, ist auch bereit, sie auszuhalten. Ich meine freilich, die Gesellschaft müsse deutlicher erkennen und mehr anerkennen, wie da um ihretwillen Lasten über Gebühr zu tragen sind.

Schwer wiegen die Lasten, die in den Problemen der Zeit aufgehäuft sind. Sie stellen Aufgaben, deren Lösung viel Kopfzerbrechen macht. Denn die Widersprüche sind groß, und überall liegen ihre Fußangeln aus: Bei der Suche nach einer dauerhaften Friedenssicherung, im Ringen um eine Lastenverteilung, die sozial gerecht und wirtschaftlich möglich ist, in der

Auseinandersetzung zwischen ökonomischen Zwängen und der Erhaltung der natürlichen Umwelt.
Manche Entwicklungen haben Dimensionen angenommen, die man schicksalhaft nennen kann. Und nicht selten ist Ihnen, den Politikern – in den Regierungsparteien und der Opposition gleichermaßen – klar, daß man den Weg zum Ziel noch nicht sicher weiß, aber dennoch entschlossene Schritte tun muß. Zu solchem Wagnis herausgefordert zu sein, kann für das Gewissen zu einer großen Last werden. Kein Wunder, daß dann Christen, die doch Gott im Weltregiment wissen, zu dem Urteil kommen: Gott legt uns Lasten auf.
Die Karwoche drängt noch zu einem weiteren Aspekt. Friedrich Wilhelm I. von Preußen soll gesagt haben: „Könige müssen mehr sündigen." Das war keine Ausrede nach der Art des Sprichwortes: „Wo gehobelt wird, da fallen Späne." Nein, damit wird zum Ausdruck gebracht, daß größere Verantwortung mehr Lasten mit sich bringt, mehr Druck auf das Gewissen, mehr Erfahrung von Schuld. Vor diesem Hintergrund kann sich konkrete Belastung zu einer Last verdichten, die man mit eigener Kraft nicht mehr zu tragen vermag.

II

„Gott legt uns eine Last auf, aber er hilft uns auch." Beim Nachdenken über dieses Bekenntnis im Zusammenhang der Karwoche wächst das „ABER" förmlich in Großbuchstaben aus dem Satz heraus. Und es verwandelt sich in die Worte des Passionsliedes von Paul Gerhardt: „Du nimmst auf deinen Rücken die Lasten, die mich drücken viel schwerer als ein Stein."
Das „ABER" ist Realität geworden im Geschehen des Karfreitages. Da sind uns durch Gottes Hilfe die Lasten abgenommen worden, die wir nicht tragen können: Die Last, daß unsere Verantwortung nicht als Antwort auf Gottes Wort und Willen bestehen kann; die Last, daß unsere Entscheidungen auch Folgen haben können, die wir nicht wollen; die Last auch, daß wir unter Umständen sündigen müssen.
Wir sind im Lutherjahr. Luthers Entdeckung, mit der er die Kirche und wohl auch die Welt veränderte, ist im Grunde ganz

einfach. Sein Entschluß war gescheitert, alle nur denkbaren Alltagslasten auf sich zu nehmen, um sich von der einen tödlichen Last zu befreien: dem drohenden Gericht Gottes. Ganz konsequent und rigoros hatte er sich die schwersten Belastungen aufgebürdet, das harte Klosterleben und dort die niedrigsten Dienste. Doch die Entlastung durch Gott fand er nicht. Im Gegenteil, er sah: „Es ist doch unser Tun umsonst, auch in dem besten Leben."
Aber dann wurde ihm klar: Unvergleichlich wichtiger als die Lasten und das Bemühen um ihre Bewältigung ist die Tatsache, daß Gott ohne Vorbedingungen hilft; daß seine Hilfe nicht den Charakter einer mehr oder minder großen Unterstützung hat, sondern umfassend ist und alles bewältigt.
Ja, im Kreuz Jesu Christi wird totale Entlastung und totale Hilfe offenbar. Luther hat es so ausgedrückt: Christus „hat damit allen, die glauben, all sein Gut zu eigen gegeben, sein Leben, womit er den Tod verschlungen, seine Gerechtigkeit, mit der er die Sünde vertilgt, und seine Seligkeit, durch die er die ewige Verdammnis überwunden hat." Wir müssen zustimmen: Da wird Hilfe erlebt in einem Ausmaß, für das der Begriff „Hilfe" eigentlich schon nicht mehr zureicht.

III

Von der Erfahrung solcher Hilfe war fortan Luthers ganzes Leben geprägt, auch sein politisches Urteil. In der Schrift „An den christlichen Adel deutscher Nation" nimmt er zu befürchteten Gewaltaktionen der katholischen Reichsstände gegen den evangelischen Aufbruch Stellung. Er sagt: „Das Erste, was in dieser Sache zu geschehen hat, ist, daß wir uns ja mit großem Ernst vorsehen und nicht etwas anheben im Vertrauen auf große Macht und Vernunft, auch wenn aller Welt Gewalt unser wäre. Denn Gott kann und will es nicht leiden, daß ein gutes Werk angefangen werde im Vertrauen auf eigene Macht und Vernunft."
Ich kann mir vorstellen, daß sich bei Ihnen, die Sie jetzt die Last politischer Verantwortung neu auf Ihre Schultern nehmen, Widerspruch regt. Denn wie anders sollen die schweren Aufgaben angegangen werden als im Vertrauen auf die eigene poli-

tische Kraft und mit dem Willen, vernünftige Lösungen zu finden?
Doch Sie werden auch spüren, daß mit forscher Entschlossenheit nichts zu machen ist. Innerhalb der weltweiten Widersprüche und Konfrontationen politische Verantwortung für ein einflußreiches Land zu tragen heißt doch gewissermaßen, ein Stück von der Rolle des Atlas zu übernehmen, der den Einsturz des Weltgebäudes verhindern mußte.
Den Atlas und seine riesigen Kräfte gibt es nur in der Sage. Sie aber, die Politiker, brauchen Kraft von dem, der allein unsere Welt hält und trägt. Darum geht eine große Veränderung vor, wenn man sich auf Gottes Hilfe ganz verläßt. Weil man die Sorgen, die man nicht tragen kann, auf ihn werfen darf, werden die Lasten leichter. In der Geborgenheit des Gottvertrauens kann sich notwendiges Selbstvertrauen entfalten, und die Vernunft wird frei, ihren Dienst als hilfreiche Gabe Gottes zu leisten.

IV

Die Botschaft vom Kreuz sagt uns: Diese Entlastung, diese Hilfe, diese Freiheit findet sich bei Jesus Christus. An seinem Kreuz bestätigt sich ein für allemal, daß Gottes Hilfe für uns wie Gott selber ist: Die Fülle des g a n z e n Lebens. Jeder von uns ist aufgerufen, alle Tage neu die Lebenshilfe Gottes zu empfangen. Und Sie, die Politiker, sind aufgerufen, die Hilfe in Anspruch zu nehmen für die konkreten Lasten, die Sie erwarten.
Um die Tragweite dieser Hilfe gerade für das politische Amt ganz zu erfassen, müssen wir noch einem kleinen Wort in unserem Psalmvers Aufmerksamkeit schenken. Der Psalmist, der doch ein einzelner ist, sagt nicht: Gott legt m i r eine Last auf, aber er hilft m i r auch. Er spricht von „u n s". Ein wesentliches Element der Hilfe Gottes besteht darin, daß er aus dem „ich" ein „wir" und aus dem „mir" ein „uns" macht.
Die politische Bedeutung liegt auf der Hand. Heute morgen konstituiert sich der neue Bundestag. Die Abgeordneten reihen sich in ihre Fraktionen ein, die sehr unterschiedliche Vorstellungen von der Bewältigung der aktuellen Lasten haben. Verschiedene Auffassungen führen leicht zu Gegensätzen, die die

notwendige Gemeinsamkeit der Volksvertretung vergessen lassen. Doch in allen Fraktionen sitzen Christen. Sie können eigentlich nicht übersehen, daß alle unter einer gemeinsamen Herausforderung durch die Lasten, aber auch unter der gemeinsamen Verheißung von Hilfe stehen. Auch das schafft Raum für die Freiheit, die Sachauseinandersetzung sachlich zu führen.

Das „uns" öffnet den Blick über die Gemeinschaft im Glauben, ja sogar über die Gemeinsamkeit in Volk und Staat hinaus. „Also hat Gott die Welt geliebt", sagt die Bibel. „Gott legt uns eine Last auf, aber er hilft uns auch" – das gilt letztlich allen Menschen. Wer die Hilfe Gottes für sich selbst in Anspruch nimmt, mit der ihm ganz und gar geholfen ist, wird damit auch in die Pflicht genommen, die Lasten der anderen zu sehen und die eigene Freiheit von Lasten zur Hilfe beim Tragen ihrer Lasten zu nutzen.

Auch hier kann Martin Luther guten Rat geben. Im Sermon „Von weltlicher Obrigkeit" spricht er zwar von Fürsten und Untertanen. Heute ist es umgekehrt: Die Bürger sind der Souverän und die Entscheidungsträger ihnen verantwortlich. Doch die Aufgabe, die damals die Fürsten hatten, tragen heute die Politiker. Einem Fürsten schreibt Luther ins Stammbuch:

„Er soll Christi Bild sich vor Augen stellen und so sagen: Siehe, Christus, der oberste Fürst, hat mir gedient; er hat nicht danach gesucht, wie er Gewalt, Gut und Ehre an mir gewinne, sondern hat nur auf meine Not gesehen, daß ich Gut und Ehre an ihm und durch ihn gewinne. Ebenso will ich's auch machen: Ich will an meinen Untertanen (Mitbürgern) nicht das Meine suchen, sondern das Ihre."

In der Gemeinschaft der Kirche dürfen die Politiker freilich auch ihrerseits mit Menschen rechnen, die an den Lasten mittragen wollen. Durch die Fürbitte, mit der die Gewißheit der Hilfe Gottes gestärkt wird, durch Beiträge zu umstrittenen Entscheidungen und auch durch kritische Anfragen. Mitunter haben jedoch Christen im politischen Amt den Eindruck, ihre Kirche vermehre mit manchen Aussagen die Lasten. Aber Gottes Hilfe manifestiert sich in den verschiedensten Gaben und erst zusammen bieten sie ein Bild von ihrer Fülle.

Darum sollen Christen aufeinander hören und sich befragen.

Sie helfen sich damit, weil sie sich gegenseitig ihre Erfahrung von der Hilfe Gottes bezeugen. Das gilt auch für die Suche nach der Sicherung des Friedens, wo die Unterschiede der Erkenntnis wohl am meisten schmerzen. Wo sich freilich auch die Frage am entschiedensten stellt, was das heißt: „Aber er hilft uns auch."

Gott braucht viele Menschen, die in der unbedingten Gewißheit seiner Hilfe Lasten auf sich nehmen und anderen helfen. Das ist der Dank, den er für die totale Entlastung „aus lauter väterlicher göttlicher Güte und Barmherzigkeit, ohn all unser Verdienst und Würdigkeit" beansprucht. Dieser Dank verbindet sich mit der einzigartigen Ehre, dem Herrn der Welt bei der Erhaltung seiner geliebten Welt zu helfen und den Menschen zu dienen, die sein Ebenbild sind.

So dürfen Sie, die Politiker, im Glauben auch Ihr Amt verstehen. Sie dürfen es angesichts Ihrer schweren Verantwortung als eine besondere Ehre verstehen, als ein besonderes Gefäß, in dem Gott seine Hilfe an die Menschen weitergeben will. Die Kraft für Ihren Dienst empfangen Sie, liebe Brüder und Schwestern, wenn Sie beginnen, wie der Psalmist begonnen hat: „Gelobt sei der Herr täglich!" Denn beim Loben und Danken stellt sich jeden Tag neu die Erfahrung ein: „Gott legt uns eine Last auf, aber er hilft uns auch!" Amen.

Die Ernte ist groß

Predigt am 1. Sonntag nach Trinitatis 1983; Gottesdienst zur Landesversammlung des Evangelischen Bundes in Hessen und Nassau; Lutherkirche Worms

Der Evangelische Bund hat sich die Aufgabe gestellt, das Erbe der Reformation ständig neu in das Leben der Kirche einzubringen. Im Lutherjahr stand die Landesversammlung unter dem Thema: „Von der Freiheit eines Christenmenschen." So lautet auch der Titel einer berühmten Schrift Martin Luthers aus dem Jahre 1520.
Die Wormser Lutherkirche wurde von 1908 bis 1912 erbaut. Die Architektur und die liturgischen Vorstellungen, die den Innenraum bestimmen, entsprechen ganz dem künstlerischen Verständnis des Darmstädter Jugendstils. Auch die Gestaltungsformen der Kirche sollten zum Ausdruck bringen, daß Reformation kein in einer Epoche der Geschichte festgeschriebenes Ereignis ist, sondern gegenwärtig wirkt.

Jesus ging ringsum in alle Städte und Dörfer, lehrte in ihren Synagogen und predigte das Evangelium vom Reich und heilte alle Krankheiten und alle Gebrechen. Und als er die Menge sah, hatte er Erbarmen mit ihnen allen; denn sie waren verschmachtet und zerstreut wie die Schafe, die keinen Hirten haben. Da sprach er zu seinen Jüngern: Die Ernte ist groß, aber es sind nur wenige Arbeiter da. Darum bittet den Herrn der Ernte, daß er Arbeiter in seine Ernte sendet.

Matthäus 9,35–38; Predigttext des Sonntages

Liebe Gemeinde!

Der Evangelist Matthäus erzählt, was zu seiner Zeit geschehen ist: „Jesus ging ringsum in alle Städte und Dörfer, lehrte in ihren Synagogen und predigte das Evangelium vom Reich und heilte Krankheiten und Gebrechen."
Berichte über Ereignisse, die so weit zurückliegen, haben für uns etwas Unwirkliches. Sie berühren uns nicht sonderlich. Aber sie wollen uns treffen und klarmachen: Was hier geschildert wird, geht auch euch an!
Deshalb sollten wir uns jetzt einmal vorstellen, so etwas stünde heute in der Zeitung: „Von Darmstadt bis Worms ist ein Mann durch alle Städte und Dörfer gezogen. Er hat in den Kirchen gesprochen und eine Botschaft verkündigt, die vielen Menschen Hoffnung gab. Kranke wurden gesund und Behinderte von ihrem Leiden befreit."
Natürlich stünden wir einer solchen Nachricht mit großen Vorbehalten gegenüber. Denn das halten wir überhaupt nicht für denkbar. Doch bestimmt würde sich noch ein ganz anderes Gefühl einstellen: Der heimliche Wunsch, so ein Mann müßte kommen; das Empfinden, solche Hilfe brauchten wir.

I

Matthäus berichtet: „Und als er die Menge sah, hatte er Erbarmen mit ihnen allen; denn sie waren verschmachtet und zer-

streut wie die Schafe, die keinen Hirten haben." Gäbe es den Wunsch, so einer wie Jesus müßte kommen, wenn wir uns nicht fühlten wie die Schafe, die keinen Hirten haben?
Auf den ersten Blick mag uns der Vergleich ganz unsinnig erscheinen. Schafe benötigen Weide, um sich zu ernähren, Ställe, um gegen Wind und Wetter geschützt zu sein, einen Hirten, der sich um sie kümmert und für Ordnung sorgt. Was das Essen, die Wohnung und die notwendigen Regelungen fürs Leben angeht, so steht es bei uns besser als bei den meisten anderen Menschen in der Welt. Gewiß gibt es auch Grund zum Klagen. Darüber können wir aber nicht vergessen, daß wir mehr Anlaß zur Dankbarkeit als zum Klagen haben. Und trotzdem meldet sich jenes merkwürdige Verlangen nach einem Helfer, der uns für unser Leben so wichtig dünkt wie ein Hirte für die Schafe.
Mit zwei Worten beschreibt Matthäus den Zustand der Menschen damals, mit denen Jesus Erbarmen hatte. Er nennt sie „verschmachtet" und „zerstreut". Wenn man das Wort „verschmachtet" benutzt, meint man nicht nur Müdigkeit und Erschöpfung. Nein, verschmachtet ist ein Mensch, der sich am Ende seiner Kräfte sieht und nicht weiter weiß; dem die Mittel fehlen, um sich wieder zu erholen.
Am Ende der eigenen Möglichkeiten und nicht weiterwissen – ist das nicht ein Gefühl, das wir alle kennen, obwohl wir genug zu essen haben, anständig wohnen und auch für Krankheit, Alter und Not mit vielen Hilfen rechnen können? Dieses Gefühl bewegt uns vielleicht weniger für unser persönliches Leben als vielmehr im Blick auf das, was Matthäus „die Menge" nennt, auf die Gemeinschaft, auf die Menschheit, auf die Zukunft der Welt.
An vielen Punkten erkennen wir, daß wir am Ende unserer Möglichkeiten sind und nicht weiterwissen. Wir arbeiten fleißig und leisten viel. Wir erreichen auch viele Ziele, die wir uns gesteckt haben. Trotzdem treibt uns die Frage um, ob das alles ist. Kann sich das Leben in der Arbeit erschöpfen und darin, die Früchte der Leistungen zu verbrauchen?
Wir finden immer neue Mittel, das Leben angenehmer und sicherer zu machen. Doch wir müssen erkennen, daß wir der Natur mehr zumuten und abverlangen, als sie geben kann, und damit das Leben der Mutter gefährden, die uns nährt. Wir

haben hervorragende Ordnungen für die innerstaatliche Gemeinschaft entwickelt und erfahren täglich, daß sie versagen, weil sie mißbraucht werden oder weil wir ihren Rahmen nicht ausfüllen.
Wie die Schafe, so kann auch der Mensch nicht allein leben. Er verschmachtet, wenn er die Gemeinschaft verliert. In einer Zeit, in der man an einem Tag um die Erde fliegen kann, begreifen wir zudem: Das gilt nicht nur für die Gemeinschaft in den Dörfern und Städten. Die ganze Menschheit ist wie eine Herde von Schafen in höchster Gefahr, wenn sie nicht zusammenhält und sich gegenseitig hilft und wärmt. Aber die Menschheit ist wirklich „zerstreut", in Lager aufgeteilt, die sich feindlich gegenüberstehen und füreinander zum Wolf geworden sind. „Verschmachtet und zerstreut" – das trifft tatsächlich ganz auf uns zu und beschreibt unseren Zustand. Wird er sich ändern lassen?

II

„Und als er die Menge sah, hatte er Erbarmen mit ihnen allen." Nun spitzt sich die Frage zu, ob uns dieser alte Bericht aus dem Matthäusevangelium wirklich angeht. Ob wir mit Erbarmen, mit Hilfe, mit einem Hirten rechnen können. Das Lutherjahr und die Ereignisse von Worms zeigen die Richtung einer Antwort. Luther hatte Gewißheit erlangt, daß ihm mit Christus ein guter Hirte an der Seite stand, und in Worms hat er es unter schwerster Bedrohung für Leib und Leben bewiesen. Nach solcher Gewißheit sehnen wir uns alle. Von einem Buchhändler hörte ich, er habe in den ersten drei Monaten des Lutherjahres schon mehr Bücher von und über Luther verkauft als Werke zum vergangenen Goethejahr. Ich sehe darin einen Hinweis, daß Luthers Glauben unser eigenes Leben betrifft.
Liest man in Luthers Büchern, merkt man bald, daß sich alles bei ihm um Christus dreht. Seit ihm aufgegangen war, was Christi Werk bewirkt, hatte sich für ihn vieles verändert: Sein Leben, sein Verhältnis zu Gott, seine Sicht der Welt und der Zukunft. Wir können Luther nicht einfach nachahmen. Für ihn bestimmten andere Gründe als bei uns das Gefühl, zu verschmachten und in einer zerstreuten Herde zu leben. Sein Elend, aus dem

ihn dann Christus herausführte, ballte sich in der Frage zusammen: „Wie kriege ich einen gnädigen Gott?“ Wir fragen eher: Welche Chancen, welchen Sinn hat unser Leben? Aber wir können uns von Luther dazu bewegen lassen, wie er unseren Blick ganz fest auf Christus zu richten, damit vielleicht auch wir lernen, alles anders zu sehen.

Mit einer vergleichenden Gegenüberstellung könnten wir anfangen. Auf der einen Seite alles, was uns das Gefühl gibt, verschmachtet und zerstreut zu sein – auf der anderen Seite ER und sein „Evangelium vom Reich“. Wenn wir seine Worte bedenken und die Berichte über ihn hören, wird uns bald deutlich: Da ist ein Erbarmen, ein Mitleiden mit den Gebrechen der Menschheit, das weit über seine Zeit hinaus ausstrahlt, bis in unsere Tage hinein. Und wir erkennen, daß vor ihm nicht bestehen kann, was uns bedrückt und sorgt. Denn für ihn liegt der Lebenssinn wirklich nicht darin, die kleine Nische in der Welt, in der man selber wohnt, immer besser auszupolstern. Er weiß, warum uns Leistung und Erfolg keine bleibende Zufriedenheit schenken.

Der Lebenssinn, den er verkörpert, wird erfüllt, wenn das eigene Leben Gott und den Mitmenschen dient. Ein Suchen nach Sicherheit, bei dem sich die Menschheit sogar so weit verstiegen hat, daß sie Waffen von totaler Vernichtungskraft herstellt und bereithält, verwirft er ganz und gar. „Wer sein Leben finden will“, sagt er, „der wird's verlieren.“ Ein Urteil von bedrängender Zeitnähe! Sein Weg folgt dem Vertrauen auf Gott, der die Lilien auf dem Felde schmückt und die Vögel unter dem Himmel nährt. Und er ist bestimmt von der Liebe, in der die Zerstreuung unter den Menschen, Haß und Feindschaft überwunden werden.

Nehmen wir das Gefühl, verschmachtet und zerstreut zu sein, wirklich ernst, dann muß es uns mit dieser Gegenüberstellung gehen wie einem Menschen, der in der Wüste zu verdursten droht und plötzlich eine Oase entdeckt. Ist die Oase tatsächlich da oder erliegt er einer Täuschung der Sinne? Auf jeden Fall wird ein solcher Mensch alle seine Kräfte zusammennehmen und in die Richtung gehen, in der sich die Oase zeigt.

Folgen wir dem Ruf des Evangeliums und gehen auf Christus zu – wie Luther, dann kommen wir zur Quelle, die neues Leben schenkt, und auch zu der Herde, in der wir wieder geborgen sind. Dann erleben wir: Es ist wahr. Er kann unsere Krankheit an Lebenssinn und unsere Gebrechen der Lieblosigkeit heilen. Denn er hat uns sein gutes Leben selbst gegeben. Die Lebenskraft Gottes, ihre ewige Zukunft – in ihm ist sie Gestalt geworden und uns zugeeignet.

III

Seine Jünger haben diese Erfahrung mit ihm gemacht, unter ihnen auch der Matthäus, dem wir die Geschichte verdanken. Zu den Jüngern sagt nun Jesus: „Die Ernte ist groß, aber es sind nur wenige Arbeiter da. Darum bittet den Herrn der Ernte, daß er Arbeiter in seine Ernte sendet." Was damals die Jünger waren, ist heute seine Gemeinde, seine Kirche. Ich weiß, daß ich mit dieser Feststellung Widerspruch errege. In einer Auslegung zu unserem Bericht bemerkt Martin Luther, daß die Kirche und das Volk Gottes verdorben werden, wenn man sie des Gotteswortes beraubt. Heute geht es weniger um eine Beraubung als um die Folgen des Verzichts, das Evangelium in Anspruch zu nehmen. Darum sind die Fragen begründet, ob nicht gerade die Kirche ein dürres Feld und eine zerstreute Gemeinschaft, eine verlaufene Herde sei.
Trotzdem bleibt doch die Tatsache bestehen, die Jesus mit seinem Wort, seinen Taten und vor allem mit seiner Lebenshingabe geschaffen hat: Er erbarmt sich und hilft. Die Herde, für die er der Hirte ist, besteht keineswegs aus besonders schönen und treuen Schafen. Ihr ausschließliches Kennzeichen hat sie darin, daß ER ihr Hirte ist und daß sie versucht, bei ihm zu bleiben; bei ihm zu bleiben, weil nur dann Hoffnung besteht, nicht zu verschmachten und die Zerstreuung zu überwinden. Zu uns, zur Herde seiner Gemeinde, sind die Worte gesprochen: „Die Ernte ist groß, aber es sind nur wenige Arbeiter da. Darum bittet den Herrn der Ernte, daß er Arbeiter in seine Ernte sendet."
Wer in tödlicher Gefahr ist, will unter allen Umständen der Gefahr entrinnen. Alles andere ist zweitrangig. Wer in Kriegsgefangenschaft war, hatte nur das eine Ziel, wieder frei zu werden. Wenn aber Gefahr und Not vorüber sind, vergißt man leicht, was einmal vor allem anderen wesentlich war. Damit hat

sich jedoch nichts an der Richtigkeit des damaligen Wollens geändert. Weil es uns nicht schlecht geht und wir dem Leben viele gute Seiten abgewinnen können, vergessen wir, daß wir dennoch Verschmachtende sind und die Zerstreuung der Menschheit gefährlich ist.
Aber vieles deutet darauf hin, daß wir unsere Lage deutlicher erkennen und eine Umkehr von unserem Weg wollen, eine „Umkehr zum Leben“, wie sie der in dieser Woche stattfindende Kirchentag von Hannover fordert. „Die Ernte ist groß“, weil alle Menschen auf Gottes Feldern stehen. Sie scheint heute in besonderer Weise reif zu sein.
„Doch es sind nur wenige Arbeiter da.“ Wir wissen es, und wir sehen den Mangel. Dabei ist er leicht zu beheben. Es brauchen nur alle, die Erfahrung mit dem Glauben haben, davon zu reden. Wir sprechen ja auch sonst von den Dingen, die uns wichtig sind, und überlassen das nicht nur den eigens dafür Beauftragten. „Darum bittet den Herrn der Ernte, daß er Arbeiter in seine Ernte sendet“ – das heißt deshalb zuerst: Bittet Gott um die Nähe zu Christus, um Gewißheit des Glaubens, um die Freude, davon zu sprechen, ohne Sorge um das, was folgt. In der Lutherstadt Worms zeigt sich uns in hellem Licht, was das bedeuten kann: Eine Veränderung der Menschen und der Welt. Amen.

Nach den Gottesdiensten trafen sich die Teilnehmer an der Landesversammlung des Evangelischen Bundes am Reformationsdenkmal. Dabei wurde die folgende Ansprache gehalten.

Drei Worte des Reformators bestimmen das Gedenken, das der Landesverband Hessen und Nassau des Evangelischen Bundes zum 500. Geburtstag Martin Luthers hält.

- Das Losungswort für alle kirchlichen Feiern im Mutterland der Reformation, Luthers Erklärung zum 1. Gebot: *„Gott über alle Dinge fürchten, lieben und vertrauen!"*
- Luthers Überschrift über seine Gedanken vom christlichen Leben: *„Von der Freiheit eines Christenmenschen"*
- und das Leitmotiv für den Wormser Kirchentag im Lutherjahr: *„Mit unsrer Macht ist nichts getan!"*

Alle diese Worte sprechen auch aus den Gestalten und Bildern des Wormser Luther-Denkmals. Da steht es in Erz gegossen: Weil Luther Gott über alle Dinge vertraute und nicht der eigenen Kraft, gewann er eine große Freiheit. Sie bewährte sich hier in Worms, wo er für seinen Glauben den höchsten Mächten seiner Zeit widerstand. Doch die kraftvoll-trotzige Gestalt in der Mitte des Denkmals ist uns fremd geworden. So stark fühlen wir uns nicht. Und wir bezweifeln auch, daß sich Martin Luthers Kraft auf uns übertragen könnte. Unsere Stimmung findet sich ganz in der Liedzeile wieder: „Mit unsrer Macht ist nichts getan!"
Aber damit sind wir viel näher bei Luther, als uns sein Denkmal ahnen läßt. Denn mit dieser Einsicht fing alles an. Es sind die gleichen Mächte, die ihn damals bedrängten und uns heute bedrängen: Das Versagen der Menschen gegenüber der Welt und ihrem eigenen Leben; das Ausgeliefertsein an den Tod; die Ferne von Gott. Die gleichen Mächte – nur erleben wir sie anders. Was für Luther persönliche Schuld und ewige Verdammnis waren, sind für uns die Unfähigkeit, in der Gemein-

schaft aller Menschen menschlich zu leben, und die Gefahr einer unwiderruflichen Selbstzerstörung der Welt. In der Tat, es stimmt: „Mit unsrer Macht ist nichts getan!“
Wer sich ohnmächtig fühlt, sucht Hilfe. Wer den Mächten nicht gewachsen ist, sehnt sich nach Freiheit. Luther fand Hilfe und gewann Freiheit. Ihm wurde das alles zuteil durch das Buch, das er dort auf dem Denkmal so herausfordernd in der Hand hält. Bei der Arbeit über diesem Buch begriff er: Die stärkste Macht, die Macht über alle Mächte hat, steht auf meiner Seite. Gott ist mir zugewandt. Er schenkt mir seine Liebe. Im Opfer seines Sohnes Jesus Christus, des einzig guten Menschen, zeigt er mir, was ich ihm wert bin. Ich brauche mir die Liebe Gottes nur schenken zu lassen.
Das aber heißt: „Gott über alle Dinge fürchten, lieben und

vertrauen." Dann weiß man, daß die Liedzeile ihre Fortsetzung findet. „Mit unsrer Macht ist nichts getan" – ja. „Wir sind gar bald verloren" – ja. Aber es geht weiter: „Es streit' für uns der rechte Mann, den Gott selbst hat erkoren." Und er wird „das Feld behalten", heute und in alle Zukunft.

Beim genaueren Zusehen zeigt das Wormser Lutherdenkmal eine eigentümliche Spannung. Luther kommt in seinen Bildern mehrfach vor. Nicht nur als die mächtige Gestalt, die wir förmlich rufen hören: „Das Feld muß er behalten!" Nicht nur als der tapfere Mann, der in Worms der Freiheit des Gewissens eine Bresche schlug. Wir sehen ihn auch als den Prediger, den Lehrer, den Familienvater – kurz: als Menschen, der anderen Menschen dient. Das Lutherdenkmal sagt: Freiheit von den Mächten heißt nicht, nun an ihrer Statt zu herrschen. Wen Gott freigemacht hat, der ist zum Dienst befreit!

So lesen wir es denn auch in einzigartigen Sätzen am Anfang der Schrift „Von der Freiheit eines Christenmenschen": „Ein Christenmensch ist (im Vertrauen auf Gott) ein freier Herr aller Dinge und niemand untertan." Und: „Ein Christenmensch ist (unter der Macht der Liebe Gottes) ein dienstbarer Knecht aller Dinge und jedermann untertan."

„Frei von jedermann und jedermanns Knecht" – diese Freiheit lernen wir bei Luther. Es ist die Freiheit, zu der Gott die Menschen durch seine Liebe befreit hat. Menschen mit solcher Freiheit braucht unsere Welt, wenn sie Zukunft haben soll.

Der Bund der Versöhnung

Predigt am 2. Sonntag nach Trinitatis 1983; Evangelisch-Augsburgische Trinitatiskirche Warschau

Im überwiegend katholischen Polen gibt es eine Evangelisch-Lutherische Kirche mit etwa 75 000 Mitgliedern. Seit vielen Jahren bestehen zwischen dieser Kirche und der Evangelischen Kirche in Hessen und Nassau enge Beziehungen. Der Verfasser ist außerdem Vorsitzender eines Kontaktausschusses zwischen dem Polnischen Ökumenischen Rat und dem Rat der Evangelischen Kirche in Deutschland, der seit zehn Jahren arbeitet. Bei seiner 15. Besuchsreise zu Kirchen des Ökumenischen Rates in Polen war er eingeladen, in der Warschauer Trinitatiskirche einen Gottesdienst zur Feier des Lutherjahres zu halten.

Die Trinitatiskirche ist das gottesdienstliche Zentrum der Lutheraner in Polen. Sie wurde im klassizistischen Stil erbaut und 1781 eingeweiht. Nach der völligen Zerstörung im Zweiten Weltkrieg wurde die Kirche mit Beiträgen von Lutheranern aus aller Welt ursprungsgetreu wiedererrichtet. In der Mitte der Stadt gelegen, zieht die Kirche als herausragendes Beispiel klassizistischer Architektur in Polen viel Aufmerksamkeit auf sich.

Liebe Brüder und Schwestern!

In diesem Jahr gedenkt die evangelische Christenheit in aller Welt des 500. Geburtstages von Martin Luther. Ich komme aus Deutschland, dem Mutterland der Reformation. Darum ist es für mich eine große Freude, in der lutherischen Trinitatiskirche zu Warschau, der bedeutendsten Kirche des Luthertums in Polen, predigen zu können. Ich überbringe Ihnen Grüße der Verbundenheit aus der ganzen Evangelischen Kirche in Deutschland.
Es trifft sich glücklich, daß heute in der evangelischen Christenheit deutscher Sprache über einen Bibeltext zu predigen ist, den Martin Luther sehr geliebt und dessen Gedanken und Bilder er immer wieder unter die Leute gebracht hat. Heute trägt dieser Abschnitt in der Lutherbibel die Überschrift: „Einladung zum Gnadenbunde Gottes." Ich lese aus dem 55. Kapitel des Buches Jesaja die Verse 1 bis 5:

Wohlan, alle, die ihr durstig seid, kommt her zum Wasser! Und die ihr kein Geld habt, kommt her, kauft und eßt! Kommt her und kauft ohne Geld und umsonst Wein und Milch! Warum zählt ihr Geld dar für das, was kein Brot ist, und sauren Verdienst für das, was nicht satt macht? Hört doch auf mich, so werdet ihr Gutes essen und euch am Köstlichen laben. Neigt eure Ohren her, und kommt her zu mir! Höret, so werdet ihr leben! Ich will mit euch einen ewigen Bund schließen, euch die beständigen Gnaden Davids zu geben. Siehe, ich habe ihn den Völkern zum Zeugen bestellt, zum Fürsten für sie und zum Gebieter. Siehe, du wirst Heiden rufen, die du nicht kennst, und Heiden, die dich nicht kennen, werden zu dir laufen um des HERRN willen, deines Gottes, und des Heiligen Israels, der dich herrlich gemacht hat.

I

Sie wissen es, liebe Brüder und Schwestern: Der Prophet wendet sich an sein Volk Israel, das nun seit Jahrzehnten im fremden Babylonien leben muß, fern von der Heimat, in Knechtschaft und ohne Hoffnung. Wer von Ihnen den Zweiten

Weltkrieg miterlebt hat, kann sich gut vorstellen, wie den Menschen damals zumute war. „Wohlan, alle, die ihr durstig seid, kommt her zum Wasser!" – das muß für sie wie eine Fanfare der Freiheit geklungen haben. Sie waren gefangen, im Elend. Aber was der Prophet da verkündigte, erfüllte sie mit Hoffnung.
Zur Zeit Martin Luthers waren die Verhältnisse völlig anders. Die Kirche, die sich gern als die Nachfolgerin Israels, als Volk Gottes bezeichnete, hatte große Macht. Und die Menschen lebten in einem großen Land, in dem sie sich stark fühlen konnten. Gewiß ging es auch da breiten Volksschichten nicht gut. Doch stärker als den Mangel an Brot, Milch und Wein empfand man – wie damals die Israeliten im Lande Babylon – die Ferne von dem, was vor allem anderen wichtig ist, von der Mitte des Lebens, von Gott.
Sie hatten unsägliche Angst vor der Zukunft und fürchteten, auf ewig verloren zu sein. „Dem Teufel ich gefangen lag, dem Tod war ich verloren", heißt es in einem Lied Martin Luthers. Und wieder geschah es, daß eine Botschaft die Menschen aus ihrer Angst herausriß und Hoffnung weckte. Was von Luther ausging, das war für sie wie der Ruf: „Die ihr kein Geld habt, kommt her, kauft und eßt! Kommt her und kauft ohne Geld und umsonst Milch und Wein!"
Unsere Zeit steht wiederum unter völlig anderen Bedingungen. Aber auch wir spüren die Last von Sorgen und Not. Auch wir haben Angst um die Zukunft, und dafür gibt es viele Gründe. Die Welt starrt in Waffen, während Millionen von Menschen hungern. Was wir Fortschritt nennen, erweist sich immer mehr als ein Weg ins Ungewisse. Wir entfremden uns der Natur und beuten sie aus. Man muß fürchten, daß sie uns eines Tages die Lebensgrundlagen entzieht. Auch untereinander machen es sich die Menschen immer schwerer. Darum sieht vor allem die Jugend für die Zukunft schwarz.
Horchen wir da angesichts einer solchen Lage nicht auf, wenn die Worte erklingen: „Neiget eure Ohren her, und kommt zu mir! Höret, so werdet ihr leben!"? Müssen wir nicht immer deutlicher erkennen, daß Gott unsere einzige Hoffnung ist?

II

Uns ist eine berühmte Predigt Luthers überliefert, in der er ausgerufen hat: „Ihr lieben Deutschen, kauft, solange der Markt vor der Tür ist! Braucht Gottes Wort und Gnade, solange sie da sind!" Wir können es gemeinsam erfahren – mit dem Volk Israel in der babylonischen Gefangenschaft, mit Martin Luther und den Menschen der Reformationszeit, mit der ganzen Christenheit auf Erden, die heute lebt und unter die Lasten unserer Zeit gebeugt ist: „Gottes Wort und Gnade" schenken Hoffnung. Sie eröffnen Zukunft. Von ihnen kommt wahres Leben.
Aber wie sollen wir das erfahren – in einer Zeit, in der der Markt der Worte so viele billige, aber meist nichtssagende Angebote macht? In unserem Text steht ein Vers, der uns zur Antwort lenkt: „Ich will mit euch einen ewigen Bund schließen, euch die beständigen Gnaden Davids zu geben." Mit Gott im Bunde sein, das muß viel bedeuten, eigentlich alles. Wenn es stimmt, daß Gott unsere einzige Hoffnung ist, dann kann es nichts Wichtigeres geben, als ihn zum Bündnispartner zu haben. Nur – die Frage bleibt: Was heißt das? Was sind heute „die beständigen Gnaden Davids"?
Für uns ist der König David, der im zehnten Jahrhundert vor Christus lebte, nur noch eine geschichtliche Gestalt. Aber wir wissen, daß Jesus nach den Worten der Weihnachtsgeschichte „aus dem Hause und Geschlechte Davids" war. Weil uns auch Luther ständig auf Jesus Christus weist, wollen wir uns nicht lange bei David aufhalten, sondern der Frage nachgehen: Entdecken wir bei Christus etwas von „beständigen Gnaden", davon, daß Gott einen Bund mit uns schließen will?
Im Neuen Testament begegnet uns die Antwort auf jeder Seite. Ja, wird da gesagt: In Jesus Christus zeigt uns Gott, daß er sich unserer annehmen, mit uns verbunden sein will. Denn er schenkt uns in ihm das Beste, was er hat. Das Neue Testament sagt: Seinen Sohn. Wir erkennen es an Jesu Leben, Reden und Handeln: Er ist der einzige Mensch, der wirklich so war, wie ein Mensch sein soll. Und der opfert für uns sein Leben.
Uns wird weiter gesagt: Keine Macht der Welt, nicht Not, nicht Tod können gegen Christus an. Er hat sie alle besiegt. Er ist, um es mit der Erklärung Martin Luthers zum zweiten Glaubensartikel auszudrücken, „auferstanden von den Toten, lebt und

regiert in Ewigkeit." Wenn er wirklich das Siegel in der Urkunde des Bundes zwischen Gott und Menschen ist, das alles beglaubigt, dann gilt das auch für die Menschen. Was auch immer sei – Gefangenschaft, Angst vor dem Teufel, drohende Weltzerstörung: ER wird in Ewigkeit bei ihnen sein. Sie müssen es nur wollen.

So sagt es uns das Neue Testament und erklärt uns damit, was das heißt: „Ich will mit euch einen ewigen Bund schließen, euch die beständigen Gnaden Davids zu geben." Und Luther sagt es uns und allen Menschen: Auf dieses Wort der Heiligen Schrift kommt es an. „Das Wort sie sollen lassen stahn!" Wenn wir zweifeln, sollen wir beten: „Erhalt uns, Herr, bei deinem Wort!" Aber wir gehören zu einer skeptischen Generation, und unsere Zweifel sind schon übermächtig. Darum dürfen wir gewiß noch einmal die Probe aufs Exempel machen und prüfen, wie uns denn Jesus Christus in unseren Sorgen und Nöten heute weiterhelfen könnte. Wir finden ganz eindeutige Antworten. Fangen wir mit der Sorge an, die uns am meisten bedrängt: Wenn die Menschheit nicht ganz andere Wege geht, ist sie in der Gefahr, sich selbst zu zerstören – durch die schrecklichen Waffen und durch die Eigensucht. Durch Jesus aber macht Gott uns klar: Seht, so viel seid ihr mir wert, ihr Menschen. Ich schenke euch mein Bestes und verbünde mich euch. Aber nicht in einer Bundesgenossenschaft, die man aufkündigen kann, sondern ewig. Damit mache ich euch zu meinen Kindern. Sind wir aber Kinder Gottes, sind wir auch Brüder und Schwestern. Einerlei, ob wir aus Polen, Deutschland, Rußland, den Vereinigten Staaten stammen. Wir sind alle eins – durch Christus. Unter solchen Voraussetzungen ist es ausgeschlossen, sich gegenseitig mit Vernichtung zu bedrohen. Kein Zweifel: Auf dem Weg Christi kann die Welt wieder Hoffnung für die Zukunft gewinnen.

Das andere lastende Problem: Jeder sieht auf seinen Weg, die einzelnen, die Völker, die Mächte. Dabei geraten die Schwachen unter die Räder, und das Unrecht in der Welt nimmt täglich zu. Kein Wunder, daß man auch hier Angst haben muß, wie es weitergeht.

Wer aber erfährt, daß Gott auf seiner Seite ist und für sich selbst die Liebe Christi empfängt, der bekommt auch Liebe für die anderen geschenkt. Luther hat diesen Vorgang einzigartig ausgedrückt: „Ein Christenmensch ist ein freier Herr aller Dinge und niemand untertan." Ich füge hinzu: Denn er ist ja Gottes Bundesgenosse. Luther sagt weiter: „Ein Christenmensch ist ein dienstbarer Knecht aller Dinge und jedermann untertan." Ich füge hinzu: Denn er weiß, daß er durch Liebe erlöst ist.

III

Wir können es als Christen also schon wagen, den Geist und die Kraft Christi mit dem Geist der Zeit und den Mächten der Welt zu vergleichen. Wo die wahre Kraft ist, zeigt sich dem, der glaubt, in aller Fülle. Und darum dürfen wir es auch wagen, im Geist und in der Kraft Christi zu reden und zu handeln. Davon redet auch unser Text: „Siehe, ich habe ihn den Völkern zum Zeugen bestellt, zum Fürsten für sie und zum Gebieter. Siehe, du wirst Heiden rufen, die du nicht kennst, und Heiden, die dich nicht kennen, werden zu dir laufen um des Herrn willen, deines Gottes, und des Heiligen Israels, der dich herrlich gemacht hat."

Haben wir nicht schon herrliche Erfahrungen machen dürfen mit der Herrschaft Jesu Christi über uns? Ich empfinde diese Stunde, die Tatsache, daß ich auf der Kanzel der Warschauer Trinitatiskirche stehen darf, als eine solche Erfahrung von dem, was unser Herr vermag – trotz der Vergangenheit, die wir nicht vergessen können, trotz des Erlebens der Bosheiten, die sich Menschen antun. Denn wir s i n d versöhnt in ihm, und unsere Versöhnung hat sich schon in vielen Jahren bewähren dürfen, ein Zeichen der Hoffnung für viele.

Deshalb dürfen wir auch für die Zukunft mit den Wirkungen rechnen, die von „Gottes Wort und Gnade", von Jesus Christus ausgehen. Im Werk Luthers können wir das seit bald fünfhundert Jahren erkennen. Da sind Menschen zu Christus gerufen und andere geworden – um Gottes willen, durch „den Heiligen Israels, der uns herrlich gemacht hat."

Jetzt, zur gleichen Zeit, in der wir hier versammelt sind, findet in Hannover der Schlußgottesdienst für den 20. Deutschen Evangelischen Kirchentag statt. Etwa 100 000 Menschen dürften daran teilnehmen und Millionen am Fernsehschirm. „Umkehr zum Leben" heißt das Leitwort des Kirchentages. Ja, darum geht es auch hier, in unserem Bibelwort, beim Gedenken an Martin Luther, für unsere Hoffnung und unseren Dienst als Christen an der Welt. „Umkehr zum Leben“, zu ihm, zu Christus; heute, morgen und alle Zeit mit ihm gehen – das heißt Hoffnung gewinnen, Leben empfangen, Liebe schenken und Frieden stiften. Amen.

Die Macht der Liebe

Predigt über Matthäus 8,23–27 am 17. Sonntag nach Trinitatis; Kirchentag in Wittenberg zum Lutherjahr; Schloßkirche Wittenberg

Aus der ganzen Ökumene waren im September 1983 Christen zu einem Kirchentag in der Lutherstadt Wittenberg zusammengekommen. Der Kirchentag stand unter dem Losungswort „Vertrauen wagen!" Drei Tage lang waren die Besucher in kleinen Gruppen mit Luther im Gespräch. Bei der Arbeit über seinen Schriften wuchs das Staunen darüber, wie unmittelbar der Reformator in unsere Zeit hinein redet.
An der Hauptversammlung auf dem historischen Wittenberger Marktplatz unter den Türmen der Stadtkirche nahmen 15 000 Menschen teil, die damit eindrücklich bekundeten, daß sie Vertrauen wagen wollen.
Zum Gottesdienst waren die evan-

gelischen Kirchen Wittenbergs überfüllt. Die folgende Predigt wurde in der Schloßkirche gehalten, an deren Tür Luther am 31. Oktober 1517 die 95 Thesen über den Ablaß angeschlagen hatte. In der ersten These schrieb er: „Unser Herr und Meister Jesus Christus hat mit seinem Wort ‚Tut Buße!' gewollt, daß das ganze Leben der Gläubigen nichts als Buße sein soll." Der Ruf, sich immer neu dem „Herrn und Meister Jesus Christus" zuzuwenden, war der Beginn der Reformation.

Liebe Brüder und Schwestern!

Bevor wir auf das biblische Wort hören, möchte ich Ihnen gern sagen, wie sehr mich diese Stunde bewegt. Im 500. Jahr des Geburtstages von Martin Luther sind wir als Gemeinde von Christen aus der Deutschen Demokratischen Republik, der Bundesrepublik Deutschland und vielen anderen Ländern in der Kirche versammelt, von der die Reformation ausgegangen ist und in der Martin Luther seine Ruhestätte gefunden hat. Wir sind zusammen unter der Zusage, die sein Leben und Werk bestimmt hat und auch uns gilt: „... daß unser lieber Herr mit uns redet in seinem Wort."
Das Wort Gottes verbindet uns zu einer Gemeinschaft, die über alle Grenzen hinausreicht. Es ist schön, diese Gemeinschaft heute, an einem so wichtigen Tag und in einer so bedeutenden Kirche, zu erleben. Gemeinsam dürfen wir nun auf die große Verheißung hören, die uns der Evangelist Matthäus mit der Geschichte von der Stillung des Sturms vermittelt:

Und er stieg ins Boot, und seine Jünger folgten ihm. Und siehe, da erhob sich ein gewaltiger Sturm auf dem See, so daß auch das Boot von Wellen überspült wurde. Doch er schlief. Und sie traten zu ihm, weckten ihn und sagten: Herr, hilf, wir verderben! Da sagte er zu ihnen: Ihr Kleingläubigen, warum seid ihr so ängstlich? Und er stand auf und herrschte den Wind und das Meer an. Da entstand eine große Stille. Die Menschen aber wunderten sich und sagten: Was ist das für ein Mann? Selbst Wind und Meer sind ihm gehorsam.

Matthäus 8,23–27; Predigttext des Sonntages

I

Am vergangenen Sonntag haben wir in Worms, der anderen Lutherstadt, auch einen Kirchentag zum Lutherjahr gefeiert. Das Leitwort dieses Kirchentages hieß: „Mit unsrer Macht ist nichts getan." Vor dem Gottesdienst gingen die Teilnehmer in drei langen Zügen durch die Stadt, um sich an bestimmten Stationen auf die Geschichte zu besinnen, zu beten und zu singen.

Mein Zug begann an der Synagoge, die einst einer großen jüdischen Gemeinde als Gotteshaus diente. Aber die Gemeinde gibt es nicht mehr. Sie wurde von Menschen auseinandergejagt, verschleppt und umgebracht, die unsere Sprache sprachen und als Christen erzogen worden waren. Dann kamen wir zur katholischen Sankt Martinskirche. Wir wurden herzlich begrüßt und spürten die Gemeinsamkeit. Doch die katholische Gemeinde konnte sich uns nicht anschließen. Unsere Ohnmacht, die e i n e Kirche des e i n e n Herrn darzustellen, war uns erneut schmerzlich bewußt geworden. Zuletzt machte unser Zug Halt am Lutherdenkmal, dem steinernen Zeugnis für die Reformatoren, die Vertrauen wagten und damit die Kirche und die Welt veränderten. Wir kamen uns klein und glaubensschwach vor.

Ja, es stimmt. Wenn wir uns ansehen auf der Fahrt über das Meer des Lebens, können wir nur das eine erkennen: Wir halten den Stürmen nicht stand. „Mit unsrer Macht ist nichts getan. Wir sind gar bald verloren." Uns bleibt nur, zu schreien: „Herr, hilf, wir verderben!"

Im Jahre 1530 hat Martin Luther hier in Wittenberg über die Geschichte von der Stillung des Sturms gepredigt. Er sagte: „So geht es bei unseren Anfechtungen, wenn der Satan und der Tod uns zusetzen. Da kommt einem der Türke wahrlich als ein großer, gefährlicher Feind vor. Wahrlich, es sind große Giganten und Riesen gegenüber dem kleinen Fünklein des Glaubens, das im Herzen lebt."

Damals standen die Türken, die den Islam über alle Welt bringen wollten und mit ihren Heerscharen brannten und mordeten, vor Wien. Deutschland war aufs äußerste bedroht. Wir können die Angst unserer Vorfahren nachempfinden. Denn uns drohen mit den Massenvernichtungswaffen ähn-

liche, noch schlimmere Gefahren. Und wir erleben auch hier täglich, wie ohnmächtig und ausgeliefert wir sind.
In seiner Predigt sagt Martin Luther weiter: „Ebenso ist's, wenn unsere Sünde uns anficht. Da kommt der Satan und darf einem aus dem kleinsten Fehltritt eine ganz große Sünde machen. Er kann einem da so bange machen, das Gewissen beschweren und die Hölle und das Gericht vor die Augen stellen, daß man meint, verzweifeln zu müssen."
Wir nehmen es wohl nicht mehr so genau wie Luther, wenn wir unser Verhalten an den Geboten Gottes messen. Dennoch stellen sich ähnliche Erfahrungen ein. Immer wieder erleben wir, daß wir uns selbst und anderen im Wege stehen, vieles falsch anstellen und dem Leben seinen Inhalt nehmen. Viele Menschen leiden heute schwer darunter, daß sie keinen Sinn in ihrem Dasein zu erkennen vermögen. Und es geht ihnen wie den Jüngern im Boot. Sie müssen einsehen: Wir sind den Stürmen des Lebens nicht gewachsen, wir schaffen es nicht. Ohne Hilfe sind wir verloren.

II

Wir haben diesen festlichen Gottesdienst begonnen „im Namen des Vaters und des Sohnes und des Heiligen Geistes". Wie Luther feiern wir ihn in der Erwartung, „daß unser lieber Herr mit uns redet in seinem Wort und wir wiederum mit ihm reden durch Gebet und Lobgesang". Damit ist uns auch der Platz in unserer Geschichte angewiesen. In dem Boot, das vom „gewaltigen Sturm" des Lebens geschüttelt wird, sind wir die Jünger. In einer Hinsicht auf alle Fälle, das ist uns schon deutlich geworden: Im Schrecken über das Verderben, das uns droht, in der Angst, unterzugehen. Uns allen drängt sich sozusagen der Ruf auf die Lippen: „Herr, hilf, wir verderben!"
Was geschah, als die Jünger diesen Schrei ausgestoßen hatten, den Hilferuf in höchster Not? Matthäus berichtet: „Da sagte er zu ihnen: Ihr Kleingläubigen, warum seid ihr so ängstlich? Und er stand auf und herrschte den Wind und das Meer an. Da entstand eine große Stille."
„Da entstand eine große Stille" – dieser Satz ergreift uns. Er löst Sehnsucht aus – nach Klarheit, nach einer sicheren Lebens-

bahn, nach Frieden. Wir verspüren den Wunsch, das auch zu erleben, uns einem Menschen anzuvertrauen, der Macht hat, wider das Verderben zu helfen. Haben wir das Vertrauen, von Jesus alle Hilfe zu erwarten?

Ich nannte die Beispiele aus der Erfahrung unseres Wormser Pilgerzuges, an denen mir unsere Ohnmacht bewußt geworden ist. Die Erschütterung an der Synagoge über die Ausrottung der jüdischen Gemeinde, an der unser Volk schuldig wurde. Ein geflügeltes Wort sagt: Das Schlimmste im Leben tun sich die Menschen selber an. Kein Mensch ist davon ausgenommen, wir wissen es von uns selbst.

Aber bei einem war es anders, dem einzigen. Jesus hat niemals einem Menschen etwas angetan. Er tat jedermann Gutes. Ja mehr noch, viel mehr. Er gab sein Leben für die anderen dahin – in der Liebe, die Gott zu den Menschen hat. Darum nennt ihn das Neue Testament den „Menschensohn", den wahren Menschen. Wenn wir sein Leben, seinen Geist, seine Liebe in Anspruch nehmen, hilft er uns aus dem Elend von Haß und Feindschaft heraus und bewahrt uns davor, daß wir uns gegenseitig verderben.

An der katholischen Sankt Martinskirche in Worms ist uns schmerzlich aufgegangen, wie schwer es uns fällt – selbst bei bestem Willen –, in voller Gemeinschaft zu leben. Und das, obwohl wir doch wissen, daß wir uns brauchen und untergehen, wenn wir für uns selber bleiben.

Jesus aber hat die Seinen nie alleingelassen. Nicht einmal im Schlaf. Er hat sogar zu ihnen gehalten, als sie ihn verließen wie die Jünger in der Nacht, in der er verraten wurde. Er hat Gemeinschaft mit ihnen gewahrt über den Tod hinaus und allen Jüngern zugesagt: „Siehe, ich bin bei euch alle Tage bis an der Welt Ende!" Sollten wir ihm nicht zutrauen, daß er uns zusammenführt und zusammenhält? Nicht nur uns, sondern die entzweite und darum tödlich gefährdete Menschheit überhaupt?

Am Lutherdenkmal ist uns schließlich zum Bewußtsein gekommen, wie klein und schwach unser Glaube ist. Aber das ist vielleicht das erstaunlichste an unserer Geschichte: Jesus wirft den Jüngern ihren Kleinglauben nicht vor. Er sagt nicht, was wir eigentlich erwarten: Vertraut mir gefälligst, dann braucht ihr keine Angst zu haben. Nein, er fragt nur: „Ihr Kleingläubigen,

warum seid ihr so ängstlich?" Und ob großer Glaube oder kleiner Glaube – er hilft! Denn nicht einmal an unserem Glauben hängt es, ob er zum Helfer wird. Er hilft und schafft damit den Grund des Glaubens.
Weil Jesus uns „mit seinem heiligen teueren Blut und mit seinem unschuldigen Leiden und Sterben erworben und gewonnen hat von allen Sünden, vom Tode und von der Gewalt des Teufels", darum konnte Martin Luther sagen: „Wir sollen Gott über alle Dinge fürchten, lieben und vertrauen!" Wirklich, als seine Jünger haben wir allen Anlaß, zu bekennen: „Das ist gewißlich wahr!"

III

Die Erzählung des Matthäus geht etwas unvermittelt zu Ende. Gerade waren wir noch bei den Jüngern, auf dem Meer, in der großen Stille, zu der Wasser und Sturm gezwungen werden. Und jetzt heißt es plötzlich: „Die Menschen aber wunderten sich und sagten: Was ist das für ein Mann? Selbst Wind und Meer sind ihm gehorsam." Ja, die Macht Jesu, seine Kraft zur Hilfe und Rettung bleiben nicht in dem kleinen Schiff verborgen, in dem die Jünger sitzen. Sie sind nicht auf die Kirche beschränkt. Sie fallen auf und führen dazu, daß Menschen sich wundern.
Ich weiß, daß viele Atheisten sich wundern über die Kraft, die von Jesus heute ausgeht, in der Bewährung seiner Menschenliebe bei der „Entfeindung" über die Gegensätze von Gesellschaftssystemen und Interessen hinweg, im Dienst für den Frieden. Auch um dieser Erfahrung willen dürfen wir das Vertrauen wagen, daß er selbst dem Sturm der Drohungen unserer Zeit gebieten kann, still zu werden. Im Glauben aber werden wir sehen: Er kann es nicht nur. Er ist schon dabei!
Doch dazu, daß die Menschen sich wunderten und fragten: „Was ist das für ein Mann?" werden auch die Jünger beigetragen haben. Sie mußten von dem reden, was sie als ein gewaltiges Wunder an sich selbst erlebt haben. Martin Luther mußte von dem reden, was ihm als gewaltiges Wunder widerfahren war: Die große Befreiung von der Angst vor Gott und den Folgen seiner Schuld, die große Befreiung zum Mut, gegen die

Mächte seiner Zeit zu bekennen, was ihm das Evangelium und sein Glaube waren.
Und wir sollen auch davon reden, daß Jesus uns errettet hat von den Mächten, die den Tod bringen, Klarheit und Hoffnung in unser Leben gebracht hat, eine Hoffnung, die über alle Bedrohungen hinausreicht. In seiner Predigt hat Luther gesagt: „Das Evangelium soll bleiben und Wind und Wetter überwinden." Das ist unsere Macht! Davon haben wir, die Jünger Jesu, unser Leben. Dafür dürfen wir arbeiten, daß Wind und Wetter für alle still werden – für die Christen und die Kirche, für alle Menschen und die ganze Welt. Und darauf wollen wir unser Vertrauen wagen. Amen.

Jerusalem im Herzen

Predigt über Jeremia 51,50; Gottesdienst zur Eröffnung des 11. Hessischen Landtages am 13. Oktober 1983; Marktkirche Wiesbaden

Am Tag des ersten Zusammentretens eines neugewählten Landtages laden die evangelischen und katholischen Kirchen im Lande Hessen zu einem ökumenischen Gottesdienst in der Landeshauptstadt Wiesbaden ein. Nachdem die Wahlen des Jahres 1982 keine regierungsfähige Mehrheit gebracht hatten, waren Neuwahlen erforderlich geworden, die zu einem harten Wahlkampf führten. Unter solchen Voraussetzungen stand der Gottesdienst, in dem außer dem Verfasser der wenige Wochen zuvor eingeführte neue Bischof von Fulda, Erzbischof Dyba, eine Ansprache hielt.

Die Wiesbadener Marktkirche ist ein neugotisches Bauwerk aus dem Jahre 1862. Ihre Erbauer wollten mit der Gestaltung dem Geist der Nassauischen Union Ausdruck geben, in der sich 1817 die lutherischen und reformierten Gemeinden des Herzogtums Nassau zu einer Kirche zusammengeschlossen hatten.

Gedenkt des Herrn im fernen Lande und laßt euch Jerusalem im Herzen sein!

Jeremia 51,50 – Tageslosung

Liebe Gemeinde!

Mit Herrn Erzbischof Dyba wurde verabredet, daß ich in diesem Gottesdienst zum Beginn der neuen Sitzungsperiode des Hessischen Landtages ein Bibelwort auslege. Ich wüßte kein geeigneteres als das Losungswort für den heutigen Tag. In der Herrnhuter Brüdergemeine entstand vor 250 Jahren der Brauch, für jeden Tag einen Bibelspruch auszulosen. Seitdem gibt es Jahr für Jahr ein Büchlein mit den „Täglichen Losungen der Brüdergemeine". Die Herrnhuter Losungen werden weit über den Kreis der Brüdergemeine hinaus in der ganzen Welt und in vielen Sprachen gelesen.
Am heutigen Tag dürfen die Menschen, welche die Bürde politischer Verantwortung tragen, damit rechnen, daß Millionen von Lesern der Herrnhuter Losungen fürbittend an sie denken. Denn die Losung – ein Wort des Propheten Jeremia – erinnert an diese Verantwortung. Sie lautet: „Gedenkt des Herrn im fernen Lande und laßt euch Jerusalem im Herzen sein!"

I

Jeremia wurde zum Propheten berufen, als das Schicksal seines Heimatlandes Juda – eines jüdischen Teilstaates um Jerusalem – auf des Messers Schneide stand. Das kleine Land war zwischen die Mühlsteine der Großmächte Ägypten und Babylonien geraten und wußte in seiner Bedrängnis nicht, wie es sich verhalten sollte. Entscheidung für den einen oder anderen, heraushalten? Man schwankte hin und her.
In diese verzweifelte Lage hinein sollte Jeremia den Willen Gottes kundtun. Er wehrte sich gegen den Auftrag, und er bekam erhebliche Schwierigkeiten. Aber er folgte ihm doch. Was er zu verkündigen hatte, läßt sich in dem einen prophetischen Spruch zusammenfassen: „So spricht der Herr Zebaot,

der Gott Israels: Bessert euer Leben und euer Tun, so will ich bei euch wohnen an diesem Ort." „Der Herr Zebaot" – das hieß: Der Herr über alle Mächte. Wo er wohnte, durfte man sicher sein. Doch Jerusalem hörte nicht auf den Jeremia, und die Katastrophe kam. Nebukadnezar nahm die Stadt, verwüstete sie wie das ganze Land und verschleppte große Teile der Bevölkerung als Sklaven nach Babylonien. Jeremia blieb verschont. Von Jerusalem aus ruft er nun den Gefangenen in Babylon zu: „Gedenkt des Herrn im fernen Lande und laßt euch Jerusalem im Herzen sein!"
Vergleiche mit unserer Situation drängen sich auf. Auch Israel war ein geteiltes Land, auch wir sind von den Gegensätzen zwischen den Supermächten zutiefst betroffen. Aber wir wollen uns nicht in Spekulationen ergehen. Die Geschichte wiederholt sich nicht, obwohl sie parallele Entwicklungen aufweist. Doch wir empfinden, daß dieses Wort uns anredet, heute für unser Land und für unsere Aufgaben. Denn „Jerusalem" ist uns im Herzen. Wir lieben unsere Heimat, und Sie, verehrte Abgeordnete, wollen ihr in einer besonderen Verantwortung dienen. Was heißt da: „Gedenkt des Herrn!"?

II

Kürzlich las ich den Roman „Apostolische Dienstreise" des Russen Wladimir Tendriakow, der in der Sowjetunion erschienen ist. Ein Freund in der DDR hat mich auf die deutsche Ausgabe aufmerksam gemacht. Tendriakow beschreibt die Skrupel eines studierten Mannes, der die Begrenztheit des materialistischen Welt- und Menschenbildes nicht mehr aushält und gegen Erziehung, Bildung, Familie und die ganze Umwelt neu nach Gott fragt. Schließlich entscheidet er sich, alles zu verlassen, weitab vom Schuß eine einfache Arbeit anzunehmen und sich zu einer russisch-orthodoxen Gemeinde zu halten. Doch in den Erlebnissen mit den Menschen eines abgelegenen Dorfes, in der Anwendung ihrer natürlichen Logik auf die Probleme der Zeit meint er zu erkennen: Du hast dich geirrt. Zwar wird – ich zitiere – „das Menschengeschlecht niemals aufhören, sich zu quälen ob des Unvermögens, sich selbst zu

begreifen". Aber vom Gottesglauben erwartet er keine Hilfe mehr.
Tendriakows Buch ist aufregend, vor allem weil man spürt, wie der Verfasser sich quält. Auf dem Weg zur Lösung am Ende des Werkes jedoch geht es bergab, auch in der literarischen Form. Die ideologische Doktrin zwingt ihn in Niederungen. Doch die Kernfrage des Buches wird zu Recht gestellt: Kommen wir weiter ohne Gott zurecht, ohne unseren beschränkten Horizont für ihn zu öffnen und die Ferne zu überwinden? Muß nicht auch Gott im Herzen sein, um „Jerusalem" im Herzen zu haben?
Ich meine, daß wir das Recht dieser Frage in vielen Zusammenhängen erkennen können. Wie sollen wir die Freiheit wahren, wenn wir nicht der Macht vertrauen können, die uns vom Gefangensein im eigenen Ich, in unseren begrenzten Interessen befreit? Wie sollen wir am Aufbau einer gerechten Gesellschaft mitwirken, wenn wir nicht alle Menschen als Brüder und Schwestern, also Geschöpfe eines Vaters begreifen? Wie sollen wir in einer angsterfüllten Welt dem Frieden dienen, wenn nicht die Angst im eigenen Herzen gebannt wird? Ja – je mehr uns „Jerusalem" am Herzen liegt, unser Land und seine Bürger, um so mehr gilt uns die Mahnung, die Jeremia zuerst ausspricht: „Gedenkt des Herrn!"
Nun leben wir nicht in Verhältnissen, die vom grauen Nebel einer atheistischen Ideologie überzogen sind. Bei uns ist viel von Gott die Rede. Da steht es nicht anders als im alten Israel. Jeremia mußte nicht fragen: Erkennt ihr die Existenz Gottes an? Sondern: Rechnet ihr auch mit ihm, nehmt ihr Gott wirklich ernst?
Auf solche Fragen können wir erst antworten, wenn Gott wirklich „in unseren Herzen" ist, wenn wir eine Beziehung zu ihm haben. Darin ist auch die Verantwortung eingeschlossen, die unser Land und seine Bürger umfaßt. Verantwortung heißt dann, sich dem Anruf Gottes zu stellen: „Gedenkt meiner und laßt euch Jerusalem im Herzen sein!"

III

Die Verantwortung, die Sie, verehrte Abgeordnete, jetzt im Hessischen Landtag übernehmen, wiegt in dieser Weltstunde und angesichts vieler ungelöster Probleme schwer. Manch einer von Ihnen wird sie mit Sorgen betrachten: Werde ich die Last tragen können? Aber die Lasten sind nicht schlimmer als die Unterdrückung, unter der die Bürger Jerusalems in der babylonischen Gefangenschaft stöhnten. „Gedenkt des Herrn im fernen Lande!" – was bedeutet das für sie? Doch nichts anderes als den Zuspruch: Gott ist auch bei euch im fernen Lande, mit euch unter den Lasten – er, der Herr über alle Mächte. Wenn ihr seiner gedenkt, werdet ihr's erkennen.
Unter dieser Zusage stehen wir alle auch, jeder mit seinem Schicksal und seiner Verantwortung. Für uns als Christen gewinnt das Mit-uns-sein Gottes Gestalt in Christus, der sein gutes, göttliches Leben dahingab, damit wir aus ihm leben sollen. „Gedenkt des Herrn!" – wenn Sie, verehrte Abgeordnete, sich an diese Mahnung in Ihrem schwierigen und belastenden Dienst erinnern, dann wird vor Ihrem inneren Auge Christus auftauchen mit seinem Werk und seinen Verheißungen. Und Sie dürfen wissen: Auf ihn kann ich bauen. Er steht mir bei und ruft mich zu sich: „Kommt her zu mir alle, die ihr mühselig und beladen seid!"
Mit ihm aber kommt „Jerusalem", kommen unser Land und seine Bürger sozusagen von selbst in unser Herz, weil das Lebensopfer Christi allen Menschen zugedacht ist. In diesem Jahr feiern wir den 500. Geburtstag von Martin Luther. Er hat in seiner Schrift „Von der weltlichen Obrigkeit" sehr schön beschrieben, was folgt, wenn man seine Verantwortung mit der Hilfe Christi tragen will: „Was den andern und das Seine angeht, verhältst du dich, wie die Liebe es fordert, und duldest kein Unrecht für deinen Nächsten. Denn die Liebe durchdringet alles und geht über alles und sieht nur darauf, was für andere nützlich und notwendig ist."
Manche Leute sagen: Mit Liebe kann man keine Politik machen. Nein, wer „Jerusalem" nicht im Herzen hat, kann keine Politik machen, weil ihm die entscheidende Voraussetzung für den Dienst in einem Gemeinwesen fehlt. Mit der Liebe zu „Jerusa-

lem" im Herzen wird man nicht schwärmerisch, sondern erkennt besser, was nützlich und notwendig ist.
Daß Sie, liebe Abgeordnete, für Ihr zukünftiges Amt einer Kraft bedürfen, wie sie von Christus ausgeht, zeigt sich heute allenthalben; auch für die Zusammenarbeit im Parlament, auf die unser Land angewiesen ist, so groß die Gegensätze zwischen den Fraktionen auch sein mögen. Sie brauchen diese Kraft, um zu Entscheidungen zu kommen, die der Schöpfung und den Menschen dienen und Frieden und Gerechtigkeit fördern. Darum ist diese Losung Ihnen heute in besonderer Weise persönlich zugesprochen: „Gedenkt des Herrn ... und laßt euch Jerusalem im Herzen sein!" Amen.

Was der Mensch Gott wert ist

Predigt zum 20. Sonntag nach Trinitatis; Lutherkirche Frankfurt/M.

Der Bau der Lutherkirche im Frankfurter Nordend ist volksmissionarischen Anstößen zu verdanken, die in der zweiten Hälfte des vorigen Jahrhunderts durch die Idee der Inneren Mission ausgelöst wurden. Unabhängig von der Kirchenleitung haben bewußte Christen sich entschlossen, in einem Neubauviertel der Gründerzeit eine Kirche und ein Zentrum für kirchliche Dienste zu bauen. Das Vorhaben wurde wesentlich durch Spenden und Sammlungen finanziert. Die Gründung des Kirchbauvereins erfolgte im Jubiläumsjahr des 400. Geburtstages von Martin Luther.

Jedes Jahr um die Zeit des Reformationsgedenktages feiert die Luthergemeinde ihr Gemeindefest, bei dem sich 1983 die Feier von Luthers 500. Geburtstag mit dem Gemeindejubiläum verband. Dieser Festtag fiel in eine Aktionswoche, zu der die Friedensbewegung aufgerufen hatte. Darüber hatten in der Gemeinde Diskussionen stattgefunden, die für die Predigt mit zu bedenken waren.
Der Verfasser war fünf Jahre Pfarrer in der Luthergemeinde und ist ihr bis heute besonders verbunden.

Der beschädigte Kruzifixus aus der alten Lutherkirche

Liebe Gemeinde!

Wir feiern den 500. Geburtstag von Martin Luther, dessen Namen unsere Kirche trägt. Vor hundert Jahren wurde der Kirchbauverein gegründet, der sich zum Ziel gesetzt hatte, im neu besiedelten Gebiet zwischen der Frankfurter Innenstadt und Bornheim ein Zentrum des Gottesdienstes, der Gemeinschaft und der Diakonie zu errichten. Zehn Jahre später wurde die Lutherkirche eingeweiht.
Was uns angesichts des dichten Bündels von Anstößen zum Gedenken und zum Nachdenken bewegt, ist im Thema der Choralkantate zusammengefaßt, die der unvergeßliche Kantor Gottfried Neubert für diesen Tag geschrieben hat. „Erhalt uns, Herr, bei deinem Wort." Darum ging es Martin Luther, darum ging es den Vätern unserer Lutherkirche. Und darum soll es uns auch heute gehen. In diesem Bewußtsein wollen wir nun das Evangelium hören, das heute in einem Abschnitt aus dem 2. Kapitel des Markusevangeliums zu uns spricht:

Als er am Sabbat durch ein Kornfeld ging, fingen seine Jünger an, unterwegs Ähren auszuraufen. Und die Pharisäer sagten zu ihm: Sieh doch! Warum tun deine Jünger am Sabbat, was man nicht darf? Und er sagte zu ihnen: Habt ihr nie gelesen, was David tat, als er in Not war und Hunger hatte und die, die bei ihm waren, auch: wie er zur Zeit des Hohenpriesters Abjatar in das Haus Gottes ging und die Schaubrote aß, die niemand essen darf als nur die Priester, und wie er sie auch denen gab, die bei ihm waren? Und er sagte zu ihnen: Der Sabbat ist um des Menschen willen geschaffen und nicht der Mensch um des Sabbats willen. So ist der Menschensohn ein Herr auch über den Sabbat.

Markus 2,23–28; Predigttext des Sonntages

I

Das Leben ist kompliziert. Denn die Menschen sind verschieden, und ihr Wollen, ihre Interessen laufen in verschiedene Richtungen. Daraus erwachsen Gegensätze, Durcheinander und Streit. Wer wüßte das besser als wir, die in einer Welt voller Veränderungen leben und die Gegensätze täglich hautnah spüren.
Aber wir wünschen kein Durcheinander, und wohin Streit führen kann, haben wir zur Genüge erfahren. Auch die Lutherkirche hat es erfahren, als sie unter Bomben und Brandsätzen in Trümmer sank. Um dem Streit zu steuern, dem Durcheinander zu entrinnen, haben sich die Menschen zu allen Zeiten Regeln gegeben. Es galt und gilt als Pflicht, sich an die Regeln zu halten. Wer sie nicht achtet, schließt sich selbst aus der Gemeinschaft aus. So denken wir auch heute.
Solche Regeln sind als Hilfe zu einer guten, menschengerechten Ordnung gedacht und bestätigen auch ihre Bestimmung. Sie werden als Wohltat erfahren und deshalb hoch geschätzt, überall in der Welt. Für Juden und Christen können sie noch eine besondere Bedeutung erlangen, wenn sie in den Zusammenhang des göttlichen Gebotes gestellt oder aus seinem Geist entwickelt werden.
Luthers Erklärungen zu den Zehn Geboten zeigen das beispielhaft. Etwa in der Erklärung zum 5. Gebot, in der Luther aus der Anordnung Gottes „Du sollst nicht töten!“ praktische Lebensregeln ableitet. Er fragt: „Was ist das?“ und antwortet: „Wir sollen Gott fürchten und lieben, daß wir unserm Nächsten an seinem Leibe keinen Schaden noch Leid tun, sondern ihm helfen und fördern in allen Leibesnöten.“ Wie zeitnah und hilfreich diese Regel ist, begreifen wir sofort, wenn wir uns die eigenen Erwartungen an andere Menschen bewußtmachen oder wenn wir an die Sorgen denken, die uns im Blick auf den Zustand unserer Welt belasten.
Indessen – Papst und Kaiser galten zu Luthers Zeiten auch als Beauftragte Gottes. Ihnen zu gehorchen und in ihren Anordnungen Gottes Willen zu sehen, war eine feste, ja unumstößliche Regel. Verstöße gegen diese Regel hielt man für äußerst gefährlich. Sie wurden mit harten Strafen bedroht. Trotzdem setzte sich Martin Luther darüber hinweg. In Worms verweiger-

te er den Gehorsam gegenüber Kaiser und Papst und berief sich dabei auf seine Glaubenserkenntnis und auf sein Gewissen. Mit diesem schweren Regelverstoß hat er die Kirche und die Welt verändert. Ohne das Ereignis des Wormser Reichstages würden wir Luthers 500. Geburtstag nicht feiern. Auch eine Lutherkirche gäbe es dann nicht. Damit sind wir bei der Kernfrage, die uns in der Geschichte vom Ährenausraufen am Sabbat gestellt wird. Wann sollen wir den Regeln folgen und wie lange? Und wo kann der Fall eintreten, wo wir uns verweigern und neue Regeln schaffen müssen?

II

Bis zum heutigen Tag erkennen wir in dem Gebot „Du sollst den Feiertag heiligen!" eine wohltätige Anordnung. Denn der Mensch braucht regelmäßig Ruhe, um sich zu erholen und zu sich selbst zu kommen. Ruhetage müssen auch für alle gleichzeitig festgesetzt sein, damit nicht einer den anderen stört. In früheren Zeiten wurde das Einhalten der Ruhe streng überwacht. Heute sind die Zügel locker. Aber wir müssen diese Freiheit damit bezahlen, daß man sich gegenseitig die Ruhe nimmt.

Schon die Israeliten haben das Feiertagsgebot auch als den Anruf Gottes verstanden, sich von den Zwängen des Alltags freizuhalten und auf Gott und sein Wort zu besinnen. Das alles erklärt, warum man nach und nach genaue Regeln für die Ruhe am Feiertag einführte. Eine wichtige Grundregel hieß: Keine Arbeit, auch nichts, was nach Arbeit aussieht. Auch Jesus hatte Respekt vor den Regeln, die für sein Volk in Kraft waren. Er teilte auch die Meinung, daß diese Regeln das Ziel hatten, Gottes Gebot zu folgen.

Nun geht er also an einem Ruhetag mit seinen Jüngern spazieren. Das war nicht verboten. Die Jünger verspürten Hunger. Am Wegrain standen die reifen Ähren eines Kornfeldes. Das Pflücken von Früchten am Wegrand und im Vorbeigehen galt nicht als Diebstahl. Also rissen sie einige Ähren ab, um die Körner zu kauen.

Doch das sahen Pharisäer, Leute, die sich besonders anstrengten, die geltenden Regeln einzuhalten. Sie tadeln die Jünger und mit ihnen auch ihren Meister: „Warum tun deine Jünger am Sabbat, was man nicht darf?" Das hieß: Deine Jünger verletzen ihre Pflicht. Sie halten sich nicht an die verbindlichen Regeln, sondern arbeiten, um ihren Hunger zu stillen. Damit verstoßen sie gegen Gottes Gebot.

Uns kommt das lächerlich vor. Aber damals war das für alle Beteiligten eine ernste Sache. Das Regelwerk des jüdischen Gesetzes hatte sich bewährt. Es war für den Zusammenhalt des kleinen Volkes äußerst wichtig. Wer es mißachtete, stellte mehr in Frage als nur eine einzelne Bestimmung.

Auch bei uns gibt es ähnliche Vorgänge. Vor einigen Jahren wurde ich mit einem Fall befaßt, in dem die Anwendung einer kirchlichen Verordnung auf einen Mitarbeiter im speziellen Zusammenhang zu einer unsinnigen Maßnahme geführt hätte. Ich sagte dem bearbeitenden Beamten: In diesem Fall können Sie eine Ausnahme machen. Er sagte: Die Ordnung sieht keine Ausnahme vor. Ich erwiderte: Machen Sie trotzdem eine Ausnahme. Da sah er mich ganz erstaunt, vielleicht sogar erschrokken an und sagte: Herr Kirchenpräsident, wollen Sie mich verleiten, gegen Gesetze zu handeln? Nein, das konnte ich nicht verlangen. Wir haben eine Lösung gefunden. Aber ich habe bei dem Vorgang gelernt, daß Gesetze, Regeln auch ein Schutz für die Gewissen sind. Wo ist der Maßstab, bei dem beides stimmt: Die gute Ordnung und ihre gute Anwendung?

Jesus antwortet zunächst mit einem Beispiel, das für seine Gesprächspartner schockierend ist. Er erinnert sie an das, „was David tat, als er in Not war und Hunger hatte". Der berühmte, fromme König David war auf der Flucht vor seinem blindwütigen Vorgänger Saul zu einer heiligen Stätte gekommen und hatte den Priester genötigt, ihm und seinen Leuten von den geweihten Schaubroten zu essen zu geben. Das war ungefähr so, wie wenn heute ein katholischer Priester gezwungen würde, Hostien zum Stillen des Hungers auszuteilen.

Jesus rechtfertigt die Tat des David nicht. Sie dient ihm als Beispiel, damit seine Gesprächspartner erkennen, worauf es wirklich ankommt: Nicht zuerst auf die Regel an sich; unter Umständen nicht einmal auf die allerfrömmste Regel. Sondern auf den Menschen, dem die Regel helfen und dienen soll. Denn darauf zielt, sagt Jesus, Gottes Wille: „Der Sabbat ist um des Menschen willen geschaffen und nicht der Mensch um des Sabbats willen."

III

Wir kennen diesen Satz schon aus dem Religionsunterricht, und er geht uns angenehm ein. Aber er bekommt Stachel und Widerhaken, wenn wir ihn auf unsere Verhältnisse anwenden. Vielen von uns wird es nicht gefallen, wenn junge Leute ihren Protest gegen die atomare Rüstung, die unserer Sicherheit dienen soll, in die Worte kleiden: „Atombomben können den Menschen nicht dienen. Darum wenden wir uns dagegen, daß Sicherheit auf Kosten einer unsagbaren Gefährdung der Menschheit gesucht wird." Und anderen, die meinen, der Weisheit letzten Schluß in ihren politischen Theorien gefunden zu haben, wird es nicht passen, wenn ihnen entgegengehalten wird: „Der Mensch ist nicht für eure Theorien geschaffen. Die Theorien haben den Menschen zu dienen."

Ein gewisses Unbehagen dürften wir alle spüren. Denn wo kommen wir hin, wenn sich jeder unter Berufung auf das Recht des Menschen über geltende und bewährte Regeln hinwegsetzen kann? Muß dann nicht ein gewaltiges Durcheinander entstehen, in dem der Mensch, um den sich alles drehen soll, auf der Strecke bleibt? Kein Zweifel – viele Erfahrungen aus der Menschheitsgeschichte bestätigen das Unbehagen. Darum müssen wir einfach Jesus selber fragen, was er damit meint: „Der Sabbat ist um des Menschen willen gemacht und nicht der Mensch um des Sabbats willen." Wo sind die Maßstäbe, nach denen verfahren werden kann?

Jesus gibt die Antwort; in einem Satz, der wie angehängt erscheint, oft übersehen wird und doch der entscheidende in der ganzen Geschichte ist. Er sagt am Schluß: „So ist der Menschensohn ein Herr auch über den Sabbat." Das heißt nichts weniger als: *Ich* bin der Maßstab. Was Gott will, was den Menschen dient – in *mir* kommt es an den Tag.

Ein gewaltiger Anspruch! Aber dieser Anspruch hat Luther die Kraft zu seiner Wormser Entscheidung gegeben. Um diesen Anspruch laut werden zu lassen, haben unsere Vorfahren die

Lutherkirche gebaut. Auf diesen Anspruch antworten wir, wenn wir bitten: „Erhalt uns, Herr, bei deinem Wort." Was ist es mit diesem Anspruch des Mannes, der sich „Menschensohn" nennt?
Sie wissen, liebe Schwestern und Brüder, daß mit dem Untergang der alten Lutherkirche im letzten Krieg auch der hölzerne Kruzifixus über dem Altar zerfetzt wurde. Als man die Reste aus den Trümmern barg, stellte man fest, daß das geschundene Kunstwerk mit roter Farbe beschmiert worden war. Heute steht es auf dem Altar der Seitenkapelle als ein bewegendes Zeichen für den Anspruch, der von Jesus ausgeht. Das Zeichen sagt uns: Wie der Sabbat um des Menschen willen geschaffen ist, so ist Jesus als „Menschensohn" Gottes um der Menschen willen in die Welt gekommen.
Um der Menschen willen hat er seinen Auftrag erfüllt und seinen Anspruch gestellt. Um der Menschen willen hat er gelitten und ist er gestorben, den blutigen Tod am Kreuz. Für die Menschen ist er auferstanden von den Toten und ist bei ihnen im Glauben. In den Worten, im Werk und im Leben Jesu Christi sagt Gott: So viel seid ihr Menschen mir wert. Wichtigeres kenne ich nicht. Ihr habt meine ganze Liebe. Und diese Liebe soll euer Leben bestimmen, im irdischen Dasein und für alle Zukunft. Von dieser Liebe kommen dann auch die Maßstäbe, unter denen ihr euer Zusammenleben sinnvoll regeln könnt.

IV

Als die Lutherkirche vor hundert Jahren in Angriff genommen wurde, war das das wesentliche Ziel: Die Botschaft von Christus in den neuen Stadtteil zu bringen, zu Menschen, die nun in große Häuser und lange Straßenzüge zogen und Maßstäbe brauchten, um in einer guten Gemeinschaft zu leben. Darum war auch die Luthergemeinde in ihrer Geschichte immer in besonderer Weise mit der Entwicklung des städtischen Gemeinwesens hier im Frankfurter Nordend verbunden.
Die Bedingungen haben sich seitdem geändert. Andere Menschen wohnen hier, viele alte Menschen, viele Ausländer. Aber die Aufgaben sind geblieben und mit ihnen die Notwendigkeit,

eine Ordnung des Zusammenlebens zu gestalten, die den Menschen hilft.
Aber heute wird uns auch immer klarer, daß es nicht nur um Maßstäbe für eine gute Gemeinschaft zwischen den Menschen geht, unter denen wir unmittelbar zu Hause sind. Die ganze Welt ist von der Gefahr bedroht, daß die Menschen irgendwelchen Zwecken untergeordnet werden.
Gewiß sagen alle: Was wir wollen und tun, geschieht für die Menschen. Für ihre Sicherheit brauchen wir die Waffen, die es jeder Macht unmöglich machen, einen Krieg zu beginnen. Für ihren Wohlstand müssen wir besorgt sein, auch wenn die Natur Schaden nimmt. Alle haben sie auch gute Gründe, wie die Leute damals, die die Jünger tadeln. Doch wie die Jünger empfinden auch wir: Die Vorstellungen und Regeln, denen wir uns beugen sollen, sind nicht mehr hilfreich. Wir müssen neu fragen, was heute dem Menschen dient.
„Der Menschensohn ist Herr auch" über unsere Lage und unsere Fragen. Fragen wir doch ihn, wie wir uns verhalten sollen. Wir bekommen eine ganz klare und einfache Antwort: Um die Menschen geht es, um ihre Zukunft. Waffen, die ganze Städte und Gebiete ausrotten können, sind kein geeignetes Mittel, die Freiheit zu bewahren und Zukunft zu bauen. Deshalb muß ihrer Macht ein Ende gesetzt, müssen neue Wege, neue Regeln gesucht werden, die von der Menschenfreundlichkeit Jesu bestimmt sind.
Darum wollen wir uns mühen, mitten in den Unfreundlichkeiten und Feindseligkeiten unserer Zeit. Dafür erbitten wir Kraft. Und darum beten wir mit Luther, mit den Vorfahren, die uns die Lutherkirche geschenkt haben: „Erhalt uns, Herr, bei deinem Wort!" Amen.

Salz der Erde und Licht der Welt

Predigt am Vorabend des Reformationsfestes 1983, Gottesdienst mit dem Erzbischof von Canterbury; Stadtkirche Darmstadt

Die 1944 ausgebrannte Stadtkirche. Zustand von 1946–1952.

Zu den ökumenischen Gästen, die zu den Lutherfeiern der Evangelischen Kirche in Deutschland nach Worms gekommen waren, gehörte auch Dr. Robert Runcie, Erzbischof von Canterbury und geistlicher Leiter der anglikanischen Diözesen mit etwa 70 Millionen Gemeindegliedern in aller Welt. Erzbischof Runcie hatte den Wunsch geäußert, während seines Besuches in Deutschland bei einem evangelischen Gottesdienst mitzuwirken. Die Wahl fiel auf die Stadtkirchengemeinde Darmstadt. Seit dem 19. Jahrhundert bestehen auf Grund dynastischer Beziehungen Verbindungen zwischen Gemein-

den in England und der früheren Hauptstadt des Großherzogtums Hessen und bei Rhein.
Nach dem Zweiten Weltkrieg hat sich eine enge Partnerschaft zwischen der anglikanischen Gemeinde der Kathedrale von Coventry und der Stadtkirchengemeinde Darmstadt entwickelt. Beide Gemeinden hatten das gleiche Schicksal erlitten: Ihre Kirchen und Wohngebiete wurden durch Bomben schwer verwüstet. Die heutige Stadtkirche geht auf einen Bau aus dem 14. Jahrhundert zurück. Sie birgt Gräber der hessischen Landgrafen. In den fünfziger Jahren wurde sie in Anlehnung an die Originalform wiederaufgebaut.
Im Anschluß an die hier abgedruckte Predigt würdigte der Erzbischof von Canterbury in einer Ansprache über 2. Korinther 5,17–20 das Werk Martin Luthers als wegweisenden Dienst für die Botschaft von der Versöhnung Gottes mit den Menschen. Die beiden Predigttexte waren auf Vorschlag des Gastes gewählt worden.

Ihr seid das Salz der Erde. Wenn nun das Salz seine Wirkung verliert, womit soll man salzen? Es ist zu nichts mehr nütze, als daß man es fortschüttet und von den Leuten zertreten läßt. Ihr seid das Licht der Welt. Es kann die Stadt, die auf einem Berge liegt, nicht verborgen bleiben. Man zündet auch nicht ein Licht an und setzt es unter einen Scheffel, sondern auf einen Leuchter; dann leuchtet es für alle im Hause. So soll euer Licht leuchten vor den Menschen, damit sie eure guten Werke sehen und euren Vater im Himmel preisen.

Matthäus 5,13–16

Lieber Herr Erzbischof, liebe Gemeinde!

I

In den ersten Jahren des Hitlerkrieges wurde die englische Stadt Coventry durch deutsche Bombenflugzeuge zerstört. Auch die berühmte Kathedrale sank in Schutt und Asche. In den Flugzeugen saßen Männer, die getauft und konfirmiert waren. Die meisten werden sich als Christen verstanden haben. Aber sie führten Befehle aus, die unzähligen Menschen das Leben

kosteten. Die Schrecken der Vernichtung faßte man in Worte wie „ausradieren“ und „coventrysieren“.
Im letzten Kriegsjahr griffen britische Luftgeschwader die Stadt Darmstadt an. Binnen einer halben Stunde mußten fast 12 000 Einwohner sterben. Die gesamte innere Stadt war ausradiert. Auch die Stadtkirche ging in Flammen auf. Nicht anders als die deutschen wurden auch die britischen Flugzeuge von Menschen bedient, die unter den Namen Christi gestellt worden waren. Doch sie wurden zu Gehilfen von Vernichtung und Tod. Müssen wir noch fragen, was Jesus meint, wenn er sagt: „Wenn nun das Salz seine Wirkung verliert, womit soll man salzen?“ Womit soll man Leben erhalten, wenn die versagen, die dazu berufen sind?

II

Heute ist der Erzbischof von Canterbury in der Darmstädter Stadtkirche zu Gast, der leitende Bischof für alle anglikanischen Christen. Zu seinem Verantwortungsbereich gehört auch die Gemeinde um die Kathedrale von Coventry. Seit Jahrzehnten sind diese englische Gemeinde und die Stadtkirchengemeinde Darmstadt eng verbunden. In der Gemeinschaft des Nagelkreuzes von Coventry haben sich Christen aus Ländern, die sich vor vierzig Jahren mit Vernichtung und Tod überzogen haben, zum Dienst der Versöhnung zusammengefunden. „Ihr seid das Salz der Erde“, sagt Jesus seinen Jüngern. Könnte es doch sein, daß die Christen das Leben der Welt durchdringen und mithelfen, es zu erhalten?
Unter uns sind viele, die beides erlebt haben. Die dabei waren, als man die Mitmenschen aus dem anderen Land tötete. Und die nun das Wunder der Versöhnung schauen dürfen. Wer beides erlebt hat und darüber nachdenkt, kann sich nicht täuschen. Er weiß, daß wahr ist, was er mit den Versen Martin Luthers singt: „Mit unsrer Macht ist nichts getan, wir sind gar bald verloren.“ Wir gleichen dem Salz, das seine Wirkung verloren hat und zu nichts mehr nütze ist. Aber wir können die Kraft empfangen, die wir brauchen, um Christen zu sein.

III

Morgen sind manche von uns in Worms zur Feier des 500. Geburtstages von Martin Luther. Der sollte auch Befehle ausführen, die sich mit seinem Christsein nicht vertrugen. Die Befehle kamen von den obersten Autoritäten der Welt, vom Papst und vom Kaiser. Nach den Vorstellungen seiner Zeit waren Papst und Kaiser sogar von Gott beauftragt, Befehle in seinem Namen zu erteilen. „Widerrufe", sagte man ihm, „sonst verfällst du dem Gericht Gottes und dem Schwert der Obrigkeit." Luther widerrief nicht. Wer ihm dazu die Kraft gab, hat er in einem schönen Lied bekannt: „Er sprach zu mir: Halt dich an mich, es soll dir jetzt gelingen. Ich geb mich selber ganz für dich, da will ich für dich ringen."

Luther war gewiß: Weil sich Jesus Christus für mich gegeben, mir sein gutes Leben geschenkt hat, darum darf ich auf seine Macht bauen. Durch sein Wort erfahre ich, im Glauben an ihn erlebe ich, daß bei ihm wirklich Lebenskraft ist, daß er der ganzen Welt Licht bringt. Deshalb konnte er den falschen, lebensgefährlichen Angeboten und Anordnungen widerstehen. Er wurde wirklich zu einem Salz, dessen Wirkung bis heute verspürt wird. Und sein Werk wurde wie eine Stadt auf dem Berge, die nicht verborgen bleiben kann.

IV

Wir nennen uns Christen, wir betrachten uns als Erben der Reformation. Wir sind darum direkt angesprochen: „Ihr seid das Salz der Erde!" „Ihr seid das Licht der Welt!" Salz wurde gebraucht, damit Lebensmittel nicht verdarben, und ohne Licht weiß man weder Weg noch Steg. Können wir dazu beitragen, daß unsere Erde nicht verdirbt, daß die Menschen in der Welt den richtigen Weg gehen?

Daß der Krieg Leben verdirbt und Feindschaft vom rechten Weg abführt, haben wir zur Genüge erlebt und erlitten. Daß aus Gemeinschaft und Freundschaft neues Leben wächst und sich Leben in größerer Fülle entfaltet, dürfen wir gerade in der Verbundenheit zwischen Christen und Gemeinden aus Darmstadt und Coventry erkennen. Darum sind wir auch zu der

Einsicht fähig: Wir müssen dafür sorgen, daß wir nicht unnütz werden wie Salz ohne Salzkraft. Wir dürfen unser Licht nicht unter den Scheffel stellen.
Diese Einsicht aber führt uns folgerichtig zu dem, der uns Lebenskraft schenken und uns als ein Licht entzünden kann. Auch Martin Luther mußte dazu nicht mehr aufbringen als den Glauben; nicht mehr als die Bereitschaft, das Lebensopfer Christi anzunehmen und ihm dann von Herzen zu vertrauen. Wir stehen unter der gleichen Zusage wie er: „Ihr seid das Salz der Erde!" „Ihr seid das Licht der Welt!"

V

Nun sollen wir aber auch sein, was wir durch Jesus schon sind. Dazu ermutigt er uns: „So soll euer Licht leuchten vor den Menschen, damit sie eure guten Werke sehen und euren Vater im Himmel preisen." Jesu Werke galten den Menschen. Wie könnte es mit den unsren anders sein, wenn sie „gute Werke" heißen sollen?
Weil wir liebe Gäste aus der Ökumene unter uns haben und einen Erzbischof, dessen Kirche sich über die ganze Welt erstreckt, will ich zum Schluß aus der Fülle der Möglichkeiten drei Dinge nennen; drei Werke, die heute getan werden müssen, damit Leben bewahrt wird und der Weg ins Licht kommt, den die Menschen gehen sollen:
Um des einen Herrn willen, dem wir Leben, Kraft und Hoffnung verdanken, der das Licht unseres Lebens ist, müssen wir Christen uns immer enger zusammenfinden; über Gräben und Grenzen hinweg. Die Gemeinschaft zwischen der Kathedrale von Coventry und der Stadtkirche von Darmstadt ist ein Beispiel, und der Besuch des Erzbischofs von Canterbury setzt dafür ein wichtiges Zeichen. Denn nur, wenn das Licht der Liebe Christi in uns selber leuchtet, wird es auch anderen leuchten können.
Das zweite: Weil alle Menschen von dieser Liebe gemeint sind und gesucht werden, müssen wir Christen mit der Tat deutlich machen, daß uns auch die fernsten Menschen nahe sind. Viele leben in der Dunkelheit von Not und Unterdrückung. Unsere

Solidarität, unsere Fürbitte, unsere Hilfe wird für sie zum Licht der Hoffnung.
Und schließlich: Weil wir erleben durften, daß die Liebe Christi auch bittere Feindschaft zu überwinden vermag, darum dürfen wir als Christen auch die Werke des Friedens tun – jeder an seinem Ort und als ökumenische Gemeinschaft in der ganzen Welt. Wo wäre es heute dringlicher, daß Salz eingebracht wird zur Bewahrung der Erde, daß die Lichter Gottes angezündet werden, damit die Welt ihren Weg findet? Amen.

Der Lohn des Vertrauens

Predigt zum Reformationsfest 1983; Festgottesdienst zum Lutherjubiläum und zur Eröffnung der Synode der Evangelischen Kirche in Deutschland, übertragen vom Zweiten Deutschen Fernsehen; Dreifaltigkeitskirche Worms

Zur Feier des 500. Geburtstages von Martin Luther hat die Evangelische Kirche in Deutschland nach Worms eingeladen. Mit dem Gottesdienst wurde auch die Synode der Evangelischen Kirche in Deutschland eröffnet. Die Synode setzt sich aus gewählten Mitgliedern, die von den Gliedkirchen der EKD entsandt werden, und aus berufenen Synodalen zusammen. Im Mittelpunkt der Verhandlungen stand das Thema: „Reformation und Einheit der Kirche".

An dem Gottesdienst nahmen zahlreiche Gäste aus der Ökumene, aus der Katholischen Kirche in Deutschland und Repräsentanten des Staates teil. Das ökumenische Bild, das sich in der Liturgie des mit der Feier des Heiligen Abendmahls verbundenen Gottesdienstes und in der Gemeinde darstellte, machte auf die weltumspannende Bedeutung Martin Luthers aufmerksam. Es wurde deutlich, daß er in vielen christlichen Konfessionen als ein „Vater im Glauben" geehrt wird. So wurde der Gottesdienst zu einem Zeichen der Hoffnung auf eine ökumenische Gemeinschaft, in der die Trennungen zwischen den Kirchen überwunden sind.

Wir hören auf ein Wort aus dem Brief an die Hebräer im zehnten Kapitel:

Darum werft euer Vertrauen nicht weg,
denn es findet reichen Lohn.

Liebe Gemeinde hier in der Wormser Dreifaltigkeitskirche und am Bildschirm!

„Gott über alle Dinge fürchten, lieben und vertrauen!" Von diesem Wort Martin Luthers zum ersten Gebot sind die Feiern zum 500. Geburtstag des Reformators bestimmt. Auf dem Wormser Reichstag hat Luther gezeigt, was Gottvertrauen heißt. Um Gottes willen hat er den obersten Mächten seiner Zeit den Gehorsam verweigert. Er wußte: Damit setze ich Leib und Leben aufs Spiel. Die evangelischen Christen erinnern sich gern an dieses Ereignis, das die Kirche und die Welt verändert hat. Heute sind wir freilich gefragt, wie es mit unserem Gottvertrauen steht. Wollen wir das auch – Gott über alle Dinge vertrauen? Und können wir es?

I

In einem zeitgenössischen Gedicht steht der Satz: „Gott – wie leer, ganz ohne Achse, die mich hält, ist dieses Wort!" Welch ein Widerspruch! Hier: Gott über alle Dinge vertrauen. Das kann nur, wer der Kraft Gottes gewiß ist, sich völlig von ihm gehalten weiß. Und dort: Gott – ein leeres Wort, keine Kraft, kein Halt. Wo fühlen wir uns eher verstanden, was entspricht unseren Erfahrungen?
Wir können es prüfen an Lebenslagen, in denen sich Gottvertrauen bewähren müßte. Wie ist es, wenn wir nicht zurechtkommen, den Mut verlieren? Wie, wenn uns eine Schuld drückt? Was geht in uns vor, wenn wir an den Tod denken oder an die Gefahr eines Krieges, der alles vernichten könnte?
Auf solche Fragen muß jeder für sich selber antworten. Versuchen wir aber, die allgemeine Stimmung zu erfassen, wird sich

die Waage zu dem Gedicht aus unserer Zeit neigen. Mit dem Gottvertrauen ist es nicht weit her. Wir spüren wenig von einem Halt, den Gott bietet. Aber diese Feststellung genügt nicht. Wir müssen klären, ob uns das Gottvertrauen fehlt, weil wir nicht erfahren, daß wir gehalten sind. Oder ob wir diese Erfahrung gerade deshalb nicht machen, weil wir Gott nicht vertrauen.
Die Klärung ist wichtig. Wenn es nämlich sinnlos ist, Gott über alle Dinge zu vertrauen, können wir Halt nur von den Sicherheiten erwarten, die wir selber schaffen. Und wir müssen die Schwierigkeiten, für die wir keine Lösung haben, ausblenden und verdrängen.
Luthers Entscheidung vom Wormser Reichstag ist klar: Gott vertrauen – über alle Dinge. Auch über die ganze Macht und Weisheit der Welt, auch über Todesdrohung hinweg. Der Reformator kann uns die eigene Entscheidung nicht abnehmen. Aber er hat kräftig bezeugt, daß Gottvertrauen reichen Lohn findet.

II

Auf den ersten Blick scheint das Wormser Ereignis kaum geeeignet, Vertrauen zu fördern. Wir stellen uns vor: Hoch auf seinem Thron der Kaiser, in dessen Reich die Sonne nicht unterging, der Macht über Leben und Tod besaß und dem kleinen Mönch tief unter sich sagen läßt: Widerrufe, sonst ist es aus mit dir! Und tief unter ihm der Mönch, der trotzdem antwortet: Weil ich Gott gehorchen und meinem Gewissen folgen muß, kann und will ich nicht widerrufen.
Nein, denken wir, das können wir nicht nachmachen. Zu solchem Vertrauen sind wir nicht geschaffen. Vor Luther können wir nur klein werden, sonst nichts.
Doch der Vergleich hält nicht stand: Er stark, wir schwach; er mit der Kraft zum Vertrauen, wir voller Angst. Luther hat sehr viel Angst und Verzweiflung durchlitten. Für ihn stand lange Zeit ganz fest: Es lohnt sich n i c h t, Gott zu vertrauen. Es hat gar keinen Sinn. Denn ich verdiene nicht, daß Gott sich meiner annimmt und mich hält. Bis ihm über der Heiligen Schrift, an der Person und am Werk Jesu Christi aufging, daß Gott überhaupt nicht danach fragt, ob ein Mensch seine Hilfe verdient

„Luther in Worms". Mosaik in der Dreifaltigkeitskirche Worms.

oder nicht, sondern jedem zugetan ist – wie ein Vater seinen Kindern. Da begriff er auch, daß er vertrauen durfte und sein Vertrauen reichen Lohn finden werde.

Im Grunde gelten für uns die gleichen Bedingungen. Auch wir haben Sorgen um unser Leben und trauen uns ein Vertrauen nicht zu, das über die Sorgen hinausreicht. Aber das biblische Wort, das die Freundlichkeit Gottes verkündigt, richtet sich ebenso an uns. Auch wir sind gemeint, wenn Christus sagt: „Kommt her zu mir alle, die ihr mühselig und beladen seid; ich will euch erquicken." Kann er das Fundament für Gottvertrauen legen?

Jeder hat seine eigene Last zu tragen. Wer sich aber mit seinen Lasten Christus ausliefert, kann auch Luthers Erfahrungen machen. Der Reformator sagt: „Sieh, wenn du so Christus faßt, als eine Gabe, dir zu eigen gegeben, und zweifelst nicht daran, so bist du ein Christ. Dieser Glaube erlöst dich von Sünden, Tod und Hölle und macht, daß du alle Dinge überwindest."

Heute spüren viele Menschen ihre persönlichen Lasten vor allem in den Sorgen,von denen wir gemeinsam bedrängt sind. Wir leiden am Zustand der Welt, die ihre Gegensätze nicht überwinden kann. Wir haben ein schlechtes Gewissen, weil wir unsere Güter nicht mit denen teilen, die hungern. Wir fürchten um die Zukunft, weil die Selbstzerstörung der Menschheit droht.

Dabei wissen wir ganz genau: Die Gefahr wird nur abgewendet werden, wenn Liebe und Versöhnung über Eigensucht und Feindschaft siegen. Christus verkörpert Liebe und Versöhnung. Alle seine Worte künden davon. Mit seiner Lebenshingabe am Kreuz schenkt er uns sein göttliches Leben. Von ihm geht ein Geist aus, den wir brauchen, den die Welt braucht, um wieder Hoffnung zu finden. Ja, da ist wirklich ein Fundament für Vertrauen gelegt.

III

„Darum" – sagt die Heilige Schrift – „darum werft euer Vertrauen nicht weg, denn es findet reichen Lohn." Gottvertrauen – das ist kein Sprung ins Ungewisse, sondern im Gegenteil die unbedingte Gewißheit: Das Entscheidende ist geschehen! In Christus steht Gottes ganzer Lebensreichtum offen.

Vertrauen nicht wegwerfen heißt, aus diesem Reichtum zu leben. Wenn die Christen vertrauen, daß Gott sie selbst und die Welt hält und trägt, setzen Bewegungen ein. Das erkennen wir am Werk Martin Luthers, aber nicht nur dort. Bewegungen in Richtung Versöhnung und Frieden – die ganze Menschheit sehnt sich danach. Versöhnung und Frieden fangen im Herzen an. Der Christ weiß es, denn er vertraut zuerst darauf, daß Gott sich mit ihm versöhnt hat.

Von da strahlen sie aus auf die Menschen, mit denen man

zusammenlebt, und begründen Vertrauen zu ihnen, die Gott nicht weniger liebt. Ein Modell für eine Gemeinschaft, die auf dem Fundament des Gottvertrauens erbaut ist, soll die Kirche sein. Aber auch da mangelt es an Vertrauen. Deshalb sind tiefe Risse entstanden, und das Bekenntnis zu Versöhnung und Frieden gerät durch die Kirche selbst ins Zwielicht.
Heute beginnt eine Tagung der Synode der Evangelischen Kirche in Deutschland. Die Synode will nachdenken, wie die Risse zu schließen sind und einhellige Gemeinschaft der Christen in einer Kirche erreicht werden kann. Gottvertrauen schafft die Wärme, in der die Einheit der Kirche reift. Auch der Synode gilt die Zusage: Vertrauen findet reichen Lohn.
„Über alle Dinge" soll nach den Worten Martin Luthers unser Gottvertrauen gehen. Auch über die Dinge, die uns so gewaltig erscheinen, daß uns Ohnmachtsgefühle ergreifen. Wir fühlen uns ohnmächtig gegenüber den Waffen, die alles Leben in der Welt auslöschen können, und die Angst geht um.
Aber wir erkennen auch: Wenn die Drohung mit diesen Waffen nachlassen und schließlich aufhören soll, muß Vertrauen unter den Menschen und Mächten wachsen, die voreinander Sicherheit suchen. Vertrauen als Hilfe zum Abbau dieser Waffen – heißt das nicht, den Orkan mit einem Atemhauch zum Stillstand bringen zu wollen? Nicht, wenn Gottes Geist am Werk ist! Wir sind unserer geängsteten Welt Gottvertrauen schuldig, damit sie die Kraft des Vertrauens erkennen kann.
Vor einigen Wochen wurde in Wittenberg ein Kirchentag zum Lutherjahr gefeiert. Unter den Türmen der Stadtkirche, in der Martin Luther Gottes Wort verkündigte, erging an eine große Versammlung der Ruf: „Fürchte Gott, dann verlierst du die Furcht vor den Menschen! Liebe Gott, dann wirst du frei, andere zu lieben! Vertraue Gott, dann kannst du wieder Vertrauen wagen!" Das ist der reiche Lohn des Gottvertrauens.

Amen.

Gottes Heil kommt

Predigt am 31. Oktober 1983; Gottesdienst des Dekanates Osthofen in Rheinhessen zum Reformationstag; Kirche in Eich am Rhein

Am Tag des Thesenanschlages von 1517 feierten die Gemeinden des Dekanates Osthofen einen gemeinsamen Gottesdienst zum Lutherjahr. Die zwölf Gemeinden des Dekanates liegen im Zentrum des rheinhessischen Weinbaugebietes nördlich von Worms. Sie haben eine wechselvolle Geschichte hinter sich, in der das Bekenntnis der Menschen nach den Entscheidungen der jeweiligen Landesherren oft wechselte. In den evangelischen Gemeinden gibt es deshalb ein ausgeprägtes Bewußtsein für die gegenwärtige Bedeutung der Reformation. Die evangelische Kirche in Eich ist die größte im Dekanat. Sie wurde 1845 anstelle eines Baus aus dem 15. Jahrhundert als Saalkirche errichtet.

O Jerusalem, ich habe Wächter über deine Mauern bestellt, die den ganzen Tag und die ganze Nacht nicht mehr schweigen sollen. Die ihr den Herrn erinnern sollt, ohne euch Ruhe zu gönnen, laßt ihm keine Ruhe, bis er Jerusalem wieder aufrichte und es setze zum Lobpreis auf Erden!
Gehet ein, gehet ein durch die Tore! Bereitet dem Volk den Weg! Machet Bahn, machet Bahn, räumt die Steine hinweg! Richtet ein Zeichen auf für die Völker! Siehe, der Herr läßt es hören bis an die Enden der Erde: Saget der Tochter Zion: Siehe, dein Heil kommt! Siehe, was er gewann, ist bei ihm, und was er sich erwarb, geht vor ihm her! Man wird sie nennen „Heiliges Volk", „Erlöste des Herrn", und dich wird man nennen „Gesuchte" und „Nicht mehr verlassene Stadt".

Jesaja 62,6–7;10–12; Predigttext am Reformationstag

Liebe Gemeinde!

„Saget der Tochter Zion: Siehe, dein Heil kommt!" – „Siehe, dein Heil kommt!" – das soll nun zuerst einmal ich Ihnen sagen, liebe Gemeinde. Aber ich spüre Hemmungen. Ich fürchte, daß Sie denken: Was für ein Heil kommt? Wir sehen Unheil auf uns zukommen, wenn es in der Welt so weitergeht.
Wissen Sie, was uns Martin Luther darauf antwortet? Das Evangelium, die Heilsbotschaft – „wer darauf gegründet ist, der soll nicht zuschanden werden und soll so feststehen, daß ihn alle Pforten der Hölle nicht überwältigen sollen". Bei der Feier seines 500. Geburtstages wollen wir ihm folgen, die Hemmungen und Einwände beiseite lassen und einfach auf die Heilsbotschaft hören: „Siehe, dein Heil kommt!"

I

Was würden wir tun, wenn in diesen Tagen die Nachricht um den Erdball liefe: Die beiden Großmächte haben sich in Genf geeinigt? Aber nicht nur über die Frage, wie die weitere Aufstellung von Atomraketen begrenzt werden kann. Sondern

überhaupt. Sie wollen sich zukünftig nicht mehr gegenseitig mit Vernichtung bedrohen und die Atomwaffen ganz aus der Welt schaffen. Was würden wir tun? Ganz bestimmt das Ereignis feiern, mit einem großen Fest.
Wie der Aufruf zu einem großen Fest hören sich die Worte an, die die Heilsbotschaft ankündigen: „Gehet ein, gehet ein durch die Tore! Bereitet dem Volk den Weg! Machet Bahn, machet Bahn, räumt die Steine hinweg! Richtet ein Zeichen auf für die Völker!" Denn „siehe, der Herr läßt es hören bis an die Enden der Erde: Siehe, dein Heil kommt!" Ist das wirklich ein so gewaltiges Ereignis – die Heilsbotschaft?
Für Martin Luther war sie dieses gewaltige Ereignis, gewaltiger vermutlich noch in der Wirkung, als sie heute von der Nachricht ausginge, daß sich die Mächte über das völlige Ende der Kriegsbedrohung geeinigt hätten. Wir können ja immer noch hoffen, daß sich die Vernunft schließlich doch durchsetzt. Luther hatte lange Jahre gar keine Hoffnung mehr.
Daß Gott kommen werde, daran zweifelte er nicht. Aber nicht zum Heil, sondern zum Gericht. Er hatte sich selbst mit einer Gründlichkeit ohnegleichen geprüft, ob er mit seinem Leben vor Gottes Ansprüchen bestehen könne. Das Ergebnis hieß eindeutig: Nein! Damit war für ihn alles verloren, jeder Sinn und jede Hoffnung. Vor Gott nicht zu bestehen hieß für ihn, mit dem ganzen Leben durchzufallen, ins Nichts. Schlimmer noch: Ins Gericht.
Uns mögen die Ängste Luthers übertrieben erscheinen. Wir denken: So empfand man halt in der mittelalterlichen Welt. Aber erkennen wir nicht in den Sorgen, die uns heute umtreiben, daß wir den Dingen mehr auf den Grund gehen müssen – so, wie Luther es getan hat?
Heute fürchten wir zum Beispiel um unseren Wald. Vor zwanzig Jahren gab es einzelne Rufer in der Wüste oder richtiger: in der Landschaft wachsenden Wohlstandes, die warnten: Wenn wir unser Verhalten nicht ändern, zerstören wir Voraussetzungen unseres eigenen Lebens. Doch wir winkten ab und sagten: Man kann's auch übertreiben. Inzwischen sehen wir mit Schrecken, daß es vielleicht schon zu spät sein könnte.
Gründlicher prüfen – das sind wir vor allem uns selbst schuldig. Wenn wir das tun, merken wir schon bald: Von Luther sind wir nicht so weit entfernt. Wir brauchen uns nicht einmal an Gottes

Maßstäben zu messen, sondern nur an den Voraussetzungen, die für ein sinnvolles Leben unverzichtbar sind. Werden wir als Eltern unsern Kindern gerecht und als Kinder den Eltern? Verhalten wir uns den Mitmenschen gegenüber so, daß sich unser und ihr Leben entfalten kann? Entspricht unsere Einstellung zu Sicherheit und Frieden wirklich den Bedingungen einer Zeit, in der sich die Menschen gegenseitig in die Luft sprengen können?

Solche Prüfungen unserer selbst können nur zu dem Ergebnis führen: Auch wenn wir uns alle Mühe geben – wir machen es nicht richtig. Unsere Fehler lassen uns schuldig werden. „Mit unsrer Macht ist nichts getan, wir sind gar bald verloren." Und dazu gehört dann auch, daß wir Gott nicht mehr so ernst nehmen, wie ihn Martin Luther ernstgenommen hat.

Das Problem war auch Luther bekannt: „Wir toben und rasen nur nach eitler Höhe", sagt er. „Immer und immer treten wir Gott aus seinem Gesicht, daß er uns ja nicht ansehe in der Tiefe, da er allein hinsieht." Öffnen wir uns aber Gott in der Tiefe des Herzens, stellen wir uns der Kritik seines Willens, dann wird uns klar: Wir brauchen IHN, wenn es anders werden soll.

II

Können wir mit Gottes Hilfe rechnen? Der Prophet rechnet fest mit ihr. Durch den Schwung seiner Worte will er mitreißen: „Machet Bahn, machet Bahn, räumt die Steine hinweg!" Im Hören auf Worte wie die des Propheten wurde auch Martin Luther eines Tages mitgerissen. Er machte die Augen auf und folgte dem Ruf: „Siehe, dein Heil kommt."

Und was sah er? Wir singen, was er sah, an Weihnachten mit Luthers Worten: „Es ist der Herr Christ, unser Gott; der will euch führn aus aller Not. Er will euer Heiland selber sein, von allen Sünden machen rein." Das heißt doch: Ich habe die Voraussetzung, den Grund entdeckt, der wie kein anderer wichtig ist für mein Leben. Ich habe die Hilfe gefunden, die ich unbedingt brauche.

Im Konfirmandenunterricht haben wir's – und wiederum mit Luthers Worten – gelernt: „Und das alles aus lauter väterlicher, göttlicher Güte und Barmherzigkeit, ohn' all mein Verdienst und Würdigkeit." Wir müssen uns das alles eindringlich bewußtmachen.

Zuerst die Einsicht: Allein kommen wir nicht zurecht. Die Drohung, die über der Welt liegt, sagt es uns mit einer Massivität ohnegleichen. Dann das Gesetz, dem wir alle folgen: Umsonst gibt's nichts. Man muß verdienen, was man braucht. Und dann die Botschaft: „Alles aus lauter väterlicher, göttlicher Güte und Barmherzigkeit." Nicht wir müssen Gott für uns gewinnen, sondern Gott will uns gewinnen. Das wäre in der Tat eine Sache, die „Heil" genannt werden dürfte.

Dazu sagt der Prophet: „Siehe, was der Herr gewann, ist bei ihm, und was er sich erwarb, geht vor ihm her!" Gott wird bei euch sein, ruft uns die Heilsbotschaft zu, Gott – der Herr der Welt. Für Luther bedeutete das: „Ob bei uns ist der Sünden viel, bei Gott ist viel mehr Gnade." Fortan konnte er allen Bedrängnissen entgegenhalten: „Und wenn die Welt voll Teufel wär' und wollt uns gar verschlingen, so fürchten wir uns nicht so sehr!" Mit der Heilsbotschaft gilt das auch für uns, für unser Versagen und für die teuflischen Dinge, die daraus entstanden sind und uns bedrohen.

Dreimal ruft der Prophet seinen Hörern zu: „Siehe!" Damals konnte das nur meinen: Stellt euch das vor, „dein Heil kommt!" Heute können wir wirklich sehen, was das Heil ist. Denn Gott hat eine Gestalt angenommen, die sichtbar ist. Näher zu uns herankommen, tiefer in unsere Tiefe gehen, als Gott es getan hat, ist nicht denkbar. Er ist Mensch geworden. Er ist schon gekommen, mitten in unsere Welt, als einer der unsren.

In diesem Menschen hat er uns wirklich erworben und gewonnen „von allen Sünden, vom Tode und von der Gewalt des Teufels, nicht mit Gold oder Silber, sondern mit seinem heiligen, teuren Blut und mit seinem unschuldigen Leiden und Sterben". In Jesus Christus war Gottes Leben, wie es in uns allen sein soll und nicht ist. Mit Jesus Christus gibt uns Gott, was wir vor allem anderen brauchen – sein Heil! An uns ist es nur, auf die Heilsbotschaft von Jesus Christus zu hören, auf ihn zu sehen, zu glauben. „Gehet ein!", fordert uns das Wort Gottes auf, „gehet ein durch die Tore!"

III

Wir spüren den ganzen Schwung der Hoffnung, der von der Heilsbotschaft ausgeht und von Luther kraftvoll weitergetragen wird. Aber vielleicht kommen doch wieder Hemmungen auf, die verhindern, daß wir mitgerissen werden. Auch bei denen, die hören, sehen, glauben wollen, verwandelt sich die Freude schnell wieder in Traurigkeit. Denn die Welt, die Menschen, die praktischen Erfahrungen sind nicht danach, sich zu freuen.
Wir fragen: Was nutzt die Hoffnung auf das Heil, wenn wir hier auf eine Katastrophe zusteuern? Hätte Luther so gefragt, wäre er nicht nach Worms gegangen. Nach menschlichem Ermessen war dort für ihn nur eine Katastrophe zu erwarten. Doch er richtete sich nicht nach seinem Ermessen, sondern traute Gott zu, der ihn gewonnen und erworben hatte mit Christus, daß er auch bei ihm sein werde. Aber er wäre auch getrost geblieben, wenn sich seine Erwartungen nicht erfüllt hätten, weil er gewiß war: Wo Gott ist, da ist Heil, da ist Leben. Und Gott ist bei mir!
Ein russischer Dichter erzählt, wie er als Kind allein im Wald spielte und plötzlich ein Tier sah. Er erschrak furchtbar und schrie: „Der Wolf, der Wolf!" Da kam ein Bauer gelaufen, Leibeigener seines Vaters, und sagte: „Mein Kind – der Wolf, wo ist er denn? Sei ruhig, ich bin ja bei dir." Der Dichter berichtet: Dieses Erlebnis war für mein ganzes Leben von entscheidender Bedeutung. Ich habe Vertrauen gelernt. Das gute Wort und die große Hand des alten Bauern haben mich geborgen und mir die Furcht genommen.
Ein Erlebnis – Vertrauen für das ganze Leben! Das Wort, die Hand eines Mitmenschen – bleibende Hilfe. Wir denken falsch, wenn wir meinen: Eine Heilsgewißheit, die sich auf die Ewigkeit richtet, ein Warten auf das ewige Heil, das noch kommen soll, nutzen uns nichts in den Gefahren, in denen wir heute gefangen sind. Nein, es ist umgekehrt: Weil wir einmal vom guten Wort Gottes getroffen, an seine starke Hand genommen worden sind, weil wir damit für Zeit und Ewigkeit Vertrauen fassen dürfen, deshalb sind wir auch für alle Zeit und in allen Zusammenhängen mit Vertrauen gerüstet. Wir sollen die Gefahren nennen und zur Umkehr rufen. Aber wir sagen uns von der Hand Gottes los, wenn wir ihm zutrauen, daß er uns um unserer Fehler und Sünden willen untergehen läßt.

Nein, Gott hat ganz anderes mit uns vor. Er stellt denen, die sein Heil in Anspruch nehmen und für alle Zukunft mit ihm rechnen, besondere Aufgaben für die gefährdete Welt. Wer ihm vertraut, auf sein Heil hofft und sagen darf: „Das ist gewißlich wahr", der ist ja frei, sich um die anderen zu kümmern und – für alle anderen die Verbindung zu ihm zu halten. „O Jerusalem", sagt er uns durch den Mund des Propheten, „ich habe Wächter über deine Mauern bestellt, die den ganzen Tag und die ganze Nacht nicht mehr schweigen sollen."
Dazu sind wir ausersehen als Christen, die in Christus Heil gefunden haben, daß wir mit allen Kräften und immer wieder ausrufen: „Saget der Tochter Zion: Siehe, dein Heil kommt!" Daß wir Bahn machen, Steine wegräumen, Zeichen aufrichten, damit Gottes Stimme „bis an die Enden der Erde" gehört wird. Die Stimme, die zum Frieden zwischen den Menschen und ihm, dem Herrn der Welt, ruft und damit das Fundament des Friedens unter den Menschen legt.
Und schließlich noch eine ganz besondere Aufgabe für die Christen: „Die ihr den Herrn erinnern sollt, ohne euch Ruhe zu gönnen, laßt ihm keine Ruhe, bis er Jerusalem wieder aufrichte und es setze zum Lobpreis auf Erden." Gott will, daß wir in Tuchfühlung mit ihm bleiben, ihn immer neu anrufen, nach seiner Hilfe verlangen. Er will es, weil die Welt ihn braucht und das nicht vergessen soll.
„Zwei Dinge erhalten die Welt", hat Martin Luther gesagt, „Gottes Wort und der Christen Gebet!" Darum geht es auch heute. Als Christen können wir dazu beitragen, daß unsere Welt erhalten bleibt und Gott loben kann. Denn uns ist zugesagt – zugesagt vom Herrn der Welt: „Siehe, dein Heil kommt!"

Amen.

Warum wir Gott loben dürfen

Predigt am vorletzten Sonntag im Kirchenjahr 1983; St. Wenzelskirche Naumburg an der Saale

Die Ökumenischen Begegnungstage von Eisleben und Leipzig waren der Höhepunkt der Feiern zum Lutherjahr, die das Lutherkomitee der Evangelischen Kirchen in der DDR veranstaltete. Am 10. November 1983, dem 500. Geburtstag Martin Luthers, versammelte sich in Eisleben, wo er geboren und gestorben ist, eine große Gemeinde zu festlichen Gottesdiensten und einer Kundgebung auf dem überfüllten Marktplatz unter der Losung „Gott über alle Dinge fürchten, lieben und vertrauen".

In den folgenden Tagen kamen Besucher und Gemeinden zu Veranstaltungen und Gesprächen in Leipzig zusammen. Zum Abschluß der Jubiläumsfeiern wurden im weiten Umland der Heimat des Reformators Gottesdienste gehalten, in denen der Dank für das Erbe der Reformation zum Ausdruck kam. Der Verfasser war als Prediger in die Gemeinde der St. Wenzelskirche in Naumburg eingeladen. Der Gottesdienst fiel in die Zeit der Friedensdekade, zu der die Evangelischen Kirchen in der DDR und der Bundesrepublik Deutschland gemeinsam aufgerufen hatten.

Naumburg war im Mittelalter Bischofssitz. Die Bischöfe nahmen auch Einfluß auf die städtischen Angelegenheiten. Dagegen wehrten sich die Bürger. Um ihre Eigenständigkeit sichtbar darzustellen, brachten sie reiche Mittel für den Ausbau der Stadtkirche St. Wenzel auf, die hinter dem berühmten Dom des Bischofs nicht zurückstehen sollte. Der heutige Bau stammt aus dem 15. Jahrhundert und wurde während der Barockzeit im Innenraum nach dem Stil der Zeit umgestaltet. Die Orgel der St. Wenzelskirche, unter der Aufsicht von Johann Sebastian Bach gebaut, ist weit über Naumburg hinaus bekannt.

Ich will deinen Namen kundtun meinen Brüdern, ich will dich in der Gemeinde rühmen: Rühmet den HERRN, die ihr ihn fürchtet; ehret ihn, ihr alle vom Hause Jakob, und vor ihm scheuet euch, ihr alle vom Hause Israel! Denn er hat nicht verachtet noch verschmäht das Elend des Armen und sein Antlitz vor ihm nicht verborgen; und als er zu ihm schrie, hörte er's.
Dich will ich preisen in der großen Gemeinde, ich will meine Gelübde erfüllen vor denen, die ihn fürchten. Die Elenden sollen essen, daß sie satt werden; und die nach dem HERRN fragen, werden ihn preisen; euer Herz soll ewiglich leben. Es werden gedenken und sich zum HERRN bekehren aller Welt Enden und vor ihm anbeten alle Geschlechter der Heiden. Denn des HERRN ist das Reich, und er herrscht unter den Heiden. Ihn allein werden anbeten alle, die in der Erde schlafen; vor ihm werden die Knie beugen alle, die zum Staube hinabfuhren und ihr Leben nicht konnten erhalten. Er wird Nachkommen haben, die ihm dienen; vom Herrn wird man verkündigen Kind und Kindeskind. Sie werden kommen und seine Gerechtigkeit predigen dem Volk, das geboren wird. Denn er hat's getan.

Psalm 22,23–32; Wochenpsalm

Liebe Brüder und Schwestern!

Ein herzlicher Gruß zuvor! Für mich ist es eine große Freude, zu Luthers Geburtstagsfeier in seiner Heimat, in der traditionsreichen Stadt Naumburg und in dieser ehrwürdigen Kirche zu predigen. Ich überbringe Ihnen Grüße von Ihrer Partnerkirche in Hessen und Nassau und ihren Gemeinden. Wir wissen uns Ihnen sehr verbunden.
Unser Predigttext steht im 22. Psalm. Martin Luther hat dieses Loblied aus dem alten Israel besonders geliebt und ihm eine lange Auslegung gewidmet. Der 22. Psalm ist in der liturgischen Ordnung für das Kirchenjahr der Psalm für die neue Woche. Er umfaßt alles, was uns heute bewegt: Das Gedenken an den Reformator, die Besinnung zum Frieden, die wir in diesen

Tagen in allen Kirchen unseres Vaterlandes halten, und den Ausblick in Gottes Ewigkeit, zu dem uns das Ende des Kirchenjahres die Augen öffnen soll.

I

Bei den vielen Lutherfeiern dieses Jahres wurde manchmal gefragt: Was würde Luther wohl dazu sagen? Eine kritische Frage, die dem Jubilar gerecht wird. Luther wollte ja überhaupt nicht im Mittelpunkt stehen. Wahrscheinlich würde er jetzt zum Ende seiner Geburtstagsfeiern feststellen: Es war zu viel. Wenn er aber zu uns reden könnte – diese Worte aus dem 22. Psalm würde er bestimmt sofort als die seinen übernehmen:

„Ich will deinen Namen kundtun meinen Brüdern,
ich will dich in der Gemeinde rühmen.
Rühmet den Herrn, die ihr ihn fürchtet,
ehret ihn, ihr alle vom Hause Jakob,
und vor ihm scheuet euch,
ihr alle vom Hause Israel.
Denn er hat nicht verachtet noch verschmäht
das Elend des Armen
und sein Antlitz vor ihm nicht verborgen;
als er zu ihm schrie, hörte er's."

Hier spiegelt sich sozusagen Luthers ganze Lebensgeschichte. Wir erinnern uns: Er schrie zu Gott, um zu erfahren, wie der Herr der Welt und seines Lebens zu ihm steht. Er fühlte sich elend und arm, weil er Gott nichts vorweisen konnte, keine hervorragende Frömmigkeit, keine guten Werke. So sehr er sich auch anstrengte – überall spürte er den Stachel der Sünde, der alles vergiftete. Deshalb kam er zu dem Schluß: Gott hat sein Antlitz vor mir verborgen. Ich bin verloren. Denn wo Gott sich abwendet, übernimmt der Tod die Herrschaft, ein für allemal. Aber dann erlebte er ein Wunder – und zwar beim gleichen Vorgang, in den wir jetzt auch hineingenommen sind, beim Hören auf die Heilige Schrift. Dort erfuhr er: Gott hat dich *nicht* verachtet und verschmäht. Er hat dein Elend angesehen. Er hält sein Antlitz *nicht* vor dir verborgen, sondern blickt dich freundlich an. Als du zu ihm schriest, erhörte er dich.
Da wird uns klar, warum Luther dann im Kleinen Katechismus

bekennen konnte: „Und das alles aus lauter väterlicher, göttlicher Güte und Barmherzigkeit, ohn' all mein Verdienst und Würdigkeit; des alles ich ihm zu danken und zu loben und dafür zu dienen und gehorsam zu sein schuldig bin. Das ist gewißlich wahr." In diesen Worten klingt der gleiche Ton durch wie in unserem Psalm: „Dich will ich preisen in der großen Gemeinde, ich will meine Gelübde erfüllen vor denen, die ihn fürchten."

II

Nun kennen wir solche Gefühlsregungen, bei denen man einfach mitgerissen wird und dann in das „Lobe den Herrn" kräftig einstimmt – bis die Ernüchterung kommt. So müßte es eigentlich den preußischen Soldaten gegangen sein, die im Siebenjährigen Krieg nach einer blutigen Schlacht den „Choral von Leuthen" sangen: „Nun danket alle Gott!" Danken – wofür? hätten sie doch fragen müssen. Was hat Gott mit unserem furchtbaren Bruderkrieg zu tun? Manchen von ihnen wird die Frage gekommen sein, später, als die Schrecken des Krieges sie selber trafen.
Gott danken – wofür? Diese Frage liegt auch uns ständig auf der Zunge, und manchmal möchten wir lieber anklagen als danken. Aber unser Psalm ist voll von Gründen zum Dank, die Luther wie ein Verdurstender das Wasser in sich aufgenommen hat: „Die Elenden sollen essen, daß sie satt werden." – „Euer Herz soll ewiglich leben." – „Ihn werden anbeten alle, die in der Erde schlafen."
Vom Elend frei werden, ewig leben, das Grab hinter sich lassen – bei solchen Worten können unsere Herzen schon höher schlagen. Sagen sie doch: Gott tut genau das, wonach uns am heftigsten verlangt. Er stillt den Hunger nach Leben. Er nimmt die Todesangst und schenkt Hoffnung auf Ewigkeit. Was uns undenkbar erscheint und doch unsere geheimste Sehnsucht ausmacht, soll erfüllt werden. Welche Erwartungen müssen in dem Psalmdichter am Werke sein, wenn er sagen kann: „Vor ihm werden die Knie beugen alle, die zum Staube hinabfuhren und ihr Leben nicht konnten erhalten." Unser aller Sehnen soll zum Ziel kommen – wäre das nicht wirklich Anlaß zu überschwenglichem Dank?

Martin Luther redet hier nicht im Konjunktiv, mit „wäre" und „hätte". Nein, von ihm erfahren wir: Das alles hat Gott getan. Ich bin vom Elend befreit. Mein Lebenshunger ist gestillt. Ich habe Gründe zum Danken in Fülle. In der Auslegung zum 22. Psalm schreibt er: „Jetzt wollen wir aber sehen, was rechte Hörer des Evangeliums sind: Die Armen, die Betrübten und Hungernden, die sich nach der Gnade sehnen, die von ihren Sünden gedrückt werden, die unter ihrer Schwachheit leiden. Die werden satt werden, die loben den Herrn. Denn sie suchen den, dessen sie bedürfen, und sie freuen sich und rühmen, wenn sie ihn gefunden haben. Die Gnade, das ewige Leben und seine Gerechtigkeit, die bleiben in alle Ewigkeit. Was tut's, wenn der Bauch stirbt? Euer Herz lebt von der unvergänglichen Speise des Wortes."

Woher hat Luther seine Gewißheit, die nicht zu erschüttern ist? Allein daher, daß er in dem alten Lied des 22. Psalms solche Worte der Hoffnung gelesen hat? Nein, aber der Psalm hat mit mächtiger Kraft seinen Blick auf den Menschen gelenkt, in dem er Gottes Antlitz erkannte, durch den Gott unwiderstehlich zu seinem Herzen redete. Ganz am Anfang seiner Auslegung sagt der Reformator, dieser ganze Psalm sei von Christus her zu verstehen.

Daß in Jesus Christus Gott mit seinem Leben in die Welt und zu den Menschen gekommen ist, das hörte und las er aus jeder Seite der Bibel. An dem Mann, der Leiden und gewaltsamen Tod willig trug, entdeckte er die Menschenfreundlichkeit Gottes. Durch die Lebenshingabe Christi wurde er gewiß, daß Gott sich seines Elends angenommen und seine Armut geteilt hat. Seine Hoffnung auf Auferstehung aus dem Grab und auf ewiges Leben war fest und stark, weil Christus vom Tode auferweckt wurde.

Unser Psalm schließt mit einer Feststellung, die noch einmal kurz und bündig zusammenfaßt, was vorher gesagt worden ist, und die Hoffnung begründet, die alles durchweht. Der Psalmdichter sagt: „Denn er hat's getan!" Gott hat getan, was für uns unbedingt getan werden muß, was wir zum Leben und Sterben unverzichtbar nötig haben. Zieht das nicht auch unseren Blick mit mächtiger Kraft auf den Heiland, durch den Gott alles getan hat? Wir müssen nicht im Elend bleiben und sind auch nicht auf vage Hoffnungen angewiesen. Wie Luther, so dürfen auch wir zur Gewißheit kommen, vom Zweifeln zum Danken. „Denn er hat's getan!"

III

Wenn wir uns so bekennen wie der Psalmist und Martin Luther, sehen wir uns schnell vor die bekannte Frage gestellt: Sind das nicht doch Vertröstungen, die vom eigentlichen Elend in der Welt ablenken sollen? Unser Verstand fragt so, und andere Menschen fragen uns. Auch hier stärkt Luther unseren leicht verzagenden Glauben. Würde man in aller Welt seinen 500. Geburtstag feiern, wenn er nur Vertröstungen weitergegeben hätte? Sein Lebenswerk zeigt, daß es genau umgekehrt richtig ist: Wer vom eigenen Elend, von der Angst um sich selbst befreit wurde, ist frei geworden für die anderen und zum Kampf gegen ihr Elend.

Wir wissen es aus der eigenen Lebenserfahrung: Große Sorgen verdrängen die kleinen Sorgen. Werden die großen Sorgen gebannt, sind auch die kleinen Sorgen vergessen. Unter der Sorge, vor Gott zu bestehen, wurden für Luther alle anderen Sorgen zweitrangig. Gegenüber der Gewißheit, daß Gott „ sein Antlitz nicht vor ihm verborgen hat", verloren dann selbst die Sorgen an Gewicht, die von der Drohung mit der Reichsacht verursacht waren. Weil ihm diese Drohung das wahre Leben nicht mehr nehmen konnte, fand er die Kraft, sie zu bestehen.

Heute sind wir ungemein besorgt über die Drohung, die mit der atomaren Rüstung über uns hängt. Wir haben Angst vor einer Katastrophe, in der das Leben auf unserer Erde untergehen kann. Die Befürworter dieser Rüstung sagen: Wir brauchen solche Waffen, um im Kampf der Interessen die Mächte vor einem neuen Krieg abzuschrecken. Aber sie merken nicht oder wollen es nicht wahrhaben, daß inzwischen in der Unzahl hochgezüchteter Vernichtungswaffen mehr Gefahren stecken als in den Gegensätzen, unter denen die Welt leidet.

Während der kirchlichen Friedenstage, in denen wir jetzt stehen, sollen die Christen sich fragen, was sie aus ihrem Glauben beitragen können, um Gottes gute Schöpfung vor dem Untergang zu bewahren und den Frieden zu sichern. Wenn wir uns an der Heiligen Schrift und an Martin Luther orientieren, steht die Antwort fest. Zuerst gilt es auch hier, die Botschaft weiterzusagen, die Befreiung von der tödlichsten aller Gefahren verkündigt, die Befreiung aus der Gottesferne. Denn der wahre Friede kommt von Gott. Von seinem Antlitz strahlt der Glanz eines Friedens aus, der mehr ist als alles, was Menschen zustande bringen.

Wer die Sorge losgeworden ist, daß er mit dem Tode ins Nichts fällt, die auch dann alle anderen Sorgen übertrumpft, wenn man es gar nicht merkt, der kann sich um andere Sorgen kümmern und um die Sorgen anderer. Aber Gott schenkt dafür nicht nur Freiheit und Kraft. Er hilft ebenso zu den richtigen Schritten. In dem Bekenntnis „Denn er hat's getan" zeigen sich auch die Mittel und der Weg, das zu tun, was wir tun sollen. Nirgendwo wird uns das klarer vor Augen geführt als im Ringen um den Weg zum Frieden.

Was hat Gott getan? Er hat sich mit uns versöhnt, obwohl wir von seiner Seite den Krieg, das Gericht, verdienen. Dafür hat er uns das gute Leben Jesu Christi geschenkt. Können wir dann noch sagen: Zwischen den Menschen hilft nur die Abschrekkung? Versöhnung läßt sich zu schwer erreichen? Nein, wir müssen alles tun, um der Versöhnung auch in den Konflikten zwischen den Menschen Raum zu schaffen.

Was hat Gott getan? Er hat uns gute, ewige Zukunft verheißen. „Es werden gedenken und sich zum Herrn bekehren aller Welt Enden und vor ihm anbeten alle Geschlechter der Heiden", sagt der Psalmdichter. Können wir dann noch behaupten: Für die gegenwärtige Welt gilt das nicht? Wir haben uns gegen die Bösen zu wappnen – wenn es sein muß, auch mit solchen Mitteln? Nein, wir sollen uns auf Gottes Weltregiment, auf seine Verheißungen verlassen und ihn „über alle Dinge fürchten, lieben und vertrauen". Dann verlieren die Waffen an Wichtigkeit, und man entdeckt Möglichkeiten, sie immer mehr abzubauen.

Was hat Gott getan? Er hat uns Grund gegeben, ihn zu „preisen in der großen Gemeinde". Überall in der Welt hat er seine Gemeinde, in allen Lagern und unter allen Mächten. Und er will, daß immer mehr Menschen zu seiner Gemeinde stoßen. Können wir dann noch sagen: Auch Massenvernichtungsmittel sind vertretbar? Nein, Gott weist uns auf den Weg Christi, der verwirklicht hat, was er uns zuruft: „Liebet eure Feinde und bittet für die, die euch verfolgen." Wir Christen können Grenzen und Fronten überschreiten und dabei entdecken, daß Gottes Antlitz allen Menschen zugewandt ist.

Wenn wir versuchen, weiterzugeben, was Gott an uns getan hat, dann leisten wir den Friedensdienst, den die Welt heute braucht. Und rühmen damit Gott in der großen Gemeinde der Christenheit auf der ganzen Welt. Amen.

Entscheidung zur Umkehr

Predigt am Buß- und Bettag 1983; Stadtkirche Darmstadt

Wie in den vergangenen Jahren, so sollten auch im Lutherjahr die biblischen Texte am Buß- und Bettag befragt werden, was Beten und Buße für den Dienst bedeuten, den Christen für den Frieden unter den Menschen tun sollen. Der Abschluß der kirchlichen Friedenstage am Buß- und Bettag stand unter der Spannung, die von der Endphase der Genfer Verhandlungen über die Beschränkung atomarer Mittelstreckenraketen in Europa und der bevorstehenden Entscheidung über die sogenannte Nachrüstung bestimmt war.

Und er ging durch Städte und Dörfer und lehrte und nahm so seinen Weg nach Jerusalem. Es fragte ihn aber jemand: Herr, meinst du, daß nur wenige gerettet werden? Er aber sagte zu ihnen: Kämpft darum, daß ihr durch die enge Pforte hineingeht; denn, das sage ich euch, viele werden danach trachten, wie sie hineinkommen, und es wird ihnen nicht gelingen. Wenn der Hausherr einmal aufgestanden ist und die Tür abgeschlossen hat und ihr dann draußen steht und an die Tür klopft und ruft: Herr, mach uns auf!, dann wird er euch antworten: Ich weiß nicht, wo ihr her seid. So werdet ihr dann sagen: Wir haben vor dir gegessen und getrunken, und auf unsern Straßen hast du gelehrt. Und er wird zu euch sagen: Ich weiß nicht, wo ihr her seid; weicht alle von mir, ihr Übeltäter!

Lukas 13,22–27; Predigttext am Buß- und Bettag

Liebe Gemeinde!

Jesus „ging durch Städte und Dörfer und lehrte und nahm so seinen Weg nach Jerusalem." In diesem einfachen Satz, der sich wie eine Überleitung von einem Bibelabschnitt zum anderen ausnimmt, ist eigentlich schon alles gesagt, was den Buß- und Bettag bestimmt. Wo Jesus erschien und lehrte, war Buß- und Bettag. „Bringt Gott wieder in euer Leben, laßt ihn die Hauptsache sein!" Das war die Mitte seines Redens, seiner Lehre. Wir wissen heute – im Unterschied zu den Menschen, die Jesus damals hörten –, wohin sein Weg nach Jerusalem führte: ans Kreuz. Dorthin, wo vor aller Welt besiegelt wurde, daß Gott das Wichtigste ist; wo der Tod seine Macht verlor und Auferstehung geschah; wo der Grund dafür gelegt wurde, daß Menschen Gott über alle Dinge fürchten, lieben und vertrauen. Von diesen Voraussetzungen gilt es auszugehen, wenn wir jetzt bedenken, was der Buß- und Bettag heute von uns will.

I

Unsere biblische Geschichte erzählt: „Es fragte ihn aber jemand: Herr, meinst du, daß nur wenige gerettet werden?" Eine Frage, die wir alle auch stellen könnten, wenn auch auf verschiedene Weise. Gibt es die doch allem Augenschein widersprechende Möglichkeit, dem Tode zu entrinnen? Darf man mit einer Zukunft rechnen, die man mit dem alten Wort „Heil" umschreibt? Wird es in der Welt der Atombomben überhaupt eine Zukunft geben? Kein Zweifel: Solche Fragen treiben uns um, und wir möchten schon gern wie die Leute damals jemanden treffen, der uns mit Autorität antworten kann.
Die Antwort Jesu wird uns zuteil – nicht anders als den Menschen in den Städten und Dörfern, die er durchwanderte. „Er sagte zu ihnen: Kämpft darum, daß ihr durch die enge Pforte hineingeht; denn das sage ich euch, viele werden danach trachten, wie sie hineinkommen, und es wird ihnen nicht gelingen."
Auf den Rat eines Freundes aus der DDR habe ich vor einigen Wochen das Buch des russischen Schriftstellers Wladimir Tendriakow mit dem Titel „Apostolische Dienstreise" gelesen. Ein Naturwissenschaftler, in Moskau tätig, wird in der Tiefe seines Lebens von Fragen nach dem Sinn erschüttert. Was soll denn das ganze? fragt der in einem linientreuen Atheismus erzogene Mann immer wieder. Schließlich kommt er zu der Erkenntnis: Es geht nicht ohne Gott. In seiner Moskauer Umwelt kann er sich nicht zu Gott bekennen; wie er meint, auch nicht vor seiner Familie. Er will kein weißer Rabe sein in einem unübersehbaren Schwarm von schwarzen und fürchtet, sich lächerlich zu machen. Also flieht er, in irgendein tausend Kilometer entferntes Dorf, nimmt dort eine Arbeit an und will zukünftig als russisch-orthodoxer Christ leben.
Die Schilderung der Gewissenskonflikte dieses Mannes ist erregend und zeigt: Davon ist der Schriftsteller selbst betroffen. Das beschäftigt ihn ununterbrochen – die Frage: Gibt es eine Tür, die zum Leben führt, und heißt sie Gott? Aber das Buch ist in der Sowjetunion veröffentlicht. Das heißt: Am Ende muß dieser Weg, der so greifbar das Ziel der engen Pforte beschreibt – den Schritt heraus aus der großen Moskauer Welt in das

abgelegene Dorf – als Irrweg erkannt werden. Sonst hätte das Buch wohl nicht gedruckt werden dürfen.
Doch dem kritischen Leser fällt auf, wie der Stil des Schriftstellers steif wird und verkrampft, als er die von der atheistischen Weltanschauung geforderte Lösung darstellt: daß es Gott nicht gibt; daß von einem Gott Rettung, Antwort auf die entscheidenden Lebensfragen nicht zu erwarten ist; daß sich die Antwort nur im Leben selber findet, dann, wenn man seinen Platz in der Gesellschaft ausfüllt.
Wir sind keine Atheisten und werden schon gar nicht zu einer atheistischen Weltanschauung angehalten. Aber es geht uns wie der Romanfigur in der „Apostolischen Dienstreise" oder auch dem Schriftsteller Tendriakow selbst: Uns stecken ständig Fragen im Herzen wie die: „Herr, meinst du, daß nur wenige gerettet werden?" Wir möchten gerettet werden, Lebenserfüllung finden. Im Alltag jedoch passen wir uns an an die Lebensart, die Gott nicht braucht, sondern sich alles von dem verspricht, was der Mensch selber schafft. Jesus aber sagt: „Kämpft darum, daß ihr durch die enge Pforte hineingeht!"

II

Tendriakows Romanheld wollte sich für diesen Weg entscheiden, aber er bleibt nicht dabei. Jesus jedoch sagt: Der Weg zum Leben ist nicht der, den alle gehen. Er führt durch die enge Pforte der Entscheidung, und es muß eine Entscheidung für Gott sein. Denn die Entscheidung für einen Weg mit oder ohne Gott ist gleichbedeutend mit der Entscheidung über Leben und Tod, über Rettung oder Untergang.
Was bei dieser Entscheidung auf dem Spiel steht, schildert Jesus in dem Gleichnis vom zugeschlossenen Haus. Irgendwann steht der Hausherr, dem Gäste sehr willkommen sind, einmal auf und schließt die Tür zu. Die Zeit der Entscheidung, zu ihm zu kommen, geht vorbei. Dann nützt es auch nichts mehr, zu beteuern: Wir wissen dich doch zu schätzen, denn „auf unseren Straßen hast du gelehrt". Wir sind doch getauft, im Religionsunterricht gewesen, haben Gottesdienste besucht. Das Gleichnis – Jesu Gleichnis! – urteilt hier erschreckend hart: „Der

Hausherr wird zu euch sagen: Ich weiß nicht, wo ihr her seid; weicht alle von mir, ihr Übeltäter."

Jesus will uns ganz deutlich machen: Wer die Entscheidung nicht für Gott fällt, der fällt unter sein Gericht. Denn um die Aufnahme in Gottes Haus geht es allemal. Nur dort gibt es Rettung, bleibendes Leben. Und Gott hat immer das letzte Wort!

Mit dem 500. Jahrestag der Geburt Martin Luthers am 10. November hat das Jubiläumsjahr zum Gedenken an den Reformator seinen Höhepunkt erreicht. Wir erinnern uns noch einmal: Luther wurde zum Reformator, weil er die befreiende Kraft des Evangeliums, der Rettungsbotschaft vom Heil in Jesus Christus neu entdeckte und ans Licht brachte. Damals war das Denken ganz beherrscht von Aussagen über das Gericht Gottes. Die Menschen standen im Bann der Drohung, die unser Gleichnis in die Worte faßt: „Da wird sein Heulen und Zähneklappen." Sie fragten eigentlich nicht mehr: Wie kann ich gerettet werden? Sondern nur noch: Wie kann ich dem Gericht entrinnen?

Inmitten dieser Angst, die er auch zutiefst selbst erlebte, erkannte Luther: Weil Jesus nach Jerusalem gegangen ist und meinen Tod, mein Gericht auf sich genommen hat, darum begegnet mir Gott als Gott der Liebe. Sein Haus steht weit offen. Und er konnte den Leuten, die vor Angst vergingen, zurufen: Freut euch, „denn sie werden vom Osten und vom Westen, vom Norden und vom Süden kommen und im Reich Gottes zu Tisch sitzen. Und siehe, es gibt Letzte, die werden die Ersten sein, und es gibt Erste, die werden die Letzten sein."

Damals waren viele Menschen wie erstarrt in ihrer Angst vor dem Gericht Gottes, bis sie die neue, wahre Evangeliumsverkündigung Luthers aus ihrer Erstarrung löste. Heute stehen wir eher in der Gefahr, Gottes Großzügigkeit zum Anlaß zu nehmen, uns die Entscheidung für ihn zu ersparen. Wir vergessen, worum es in der Entscheidung geht, mit oder ohne Gott zu leben: Um Rettung oder Untergang. Wir vergessen das erstaunlicherweise, obwohl uns doch immer heftiger vor Augen geführt wird, wohin eine Welt ohne Gott läuft und wozu Menschen, die ohne Gott hinzukommen meinen, fähig sind.

Nicht von ungefähr ist die Friedenswoche für die evangelischen Christen in unserem Vaterland auf den Bußtag ausgerichtet. Denn die Waffen, die uns mit Untergang bedrohen, sind ein erschreckender Ausdruck der Gottesferne. Die Tatsache, daß der Frieden zwischen der Natur und uns Menschen schwer gestört ist, zeigt, wohin die Welt gebracht wird, wenn wir Gott als den Herrn der Welt aus dem Auge verlieren. Ist es übertrieben, festzustellen, daß sich in dem allem schon etwas vom Gericht Gottes äußert? Daß die Entscheidung, ohne Gott die Welt zu gestalten und das Leben zu sichern, unübersehbare Wirkungen hat?

III

Doch gerade deshalb ist unser Evangelium, sind die Worte Jesu vom Gericht keine Angstmacherei, keine Drohung. Sie laden uns nur ein, die richtige Entscheidung zu fällen, und dazu weisen sie die Folgen der falschen Entscheidung auf. Wir erleben das gleiche wie die Menschen damals. Jesus kommt in unsere Städte und Dörfer, kommt mit seinem Wort hierher zu uns in den Gottesdienst, damit wir begreifen: Er geht für uns nach Jerusalem. Er zeigt uns, wie Gott wirklich ist – „ein glühender Backofen voll Liebe", hat Luther gesagt. Ihm dürfen wir uns anvertrauen auf dem Weg des Lebens. Dann ist die Entscheidung richtig getroffen. Wer mit ihm zu Gott kommt, muß nicht mehr die Antwort fürchten: „Ich weiß nicht, wo ihr her seid."

Aber – der Weg mit Jesus führt durch eine enge Pforte, die immer neu die Entscheidung für ihn, für Gott verlangt. Erinnern wir uns noch einmal an den Roman des Russen Tendriakow. Sein Held kehrte nach Moskau zurück, tat wieder, was alle taten, hielt für richtig, was alle für richtig hielten. Voll guten Willens zwar, und darauf kommt es dem Verfasser auch an.

Wenn wir jedoch die Geschichte weiterspinnen, auf dem Hintergrund unserer Erfahrungen, kommen wir zu dem Schluß: Der gute Wille wird's nicht schaffen, Erlösung von den bohrenden Fragen nach der Rettung des Lebens, nach seiner Erfüllung zu finden. Der Weg mit Jesus ist nicht der Weg, den alle gehen. Er ist gekennzeichnet durch den Weg, den er nach Jerusalem gegangen ist – den Weg der Liebe, des Opfers, des Vertrauens. Was heißt das für uns in der Friedenswoche? Wir sind alle guten Willens, was den Frieden in der Welt betrifft. Wir wünschen uns

nichts sehnlicher als einen dauerhaften Frieden. Doch der gute Wille führt zur Zeit nicht weiter als dazu, die Mächte, an deren guten Willen zum Frieden man zweifelt, mit der Drohung des Einsatzes von Waffen abzuschrecken. So war es bisher immer, und das erscheint auf den ersten Blick auch vernünftig und klar. Indessen – erleben wir jetzt nicht, daß dieser Weg in eine Katastrophe einmünden kann? Wird uns nicht vor Augen geführt, daß das Gericht droht, wenn die Menschen nicht ihr Vertrauen auf Gott richten und sich wie Kinder Gottes zueinander verhalten? Die Gefahren zum Untergang gehen ja längst nicht mehr in erster Linie von den Gegensätzen zwischen den Menschen aus, sondern von den Mitteln, die sie sich zur Sicherung in diesen Gegensätzen geschaffen haben. Das alles aber zeigt: Umkehr ist nötig. Nicht das Verharren auf dem gewohnten breiten Weg, sondern die Entscheidung, sich auf den Weg des Vertrauens und der Liebe zu begeben.
Wir werden die Welt nicht von heute auf morgen ändern, wenn wir als Christen und als christliche Gemeinde Vertrauen an Stelle der Drohung einsetzen und Liebe an Stelle von Feindschaft. Aber das ist weder für das eigene Leben noch für die Zukunft der Welt das Entscheidende. Entscheidend ist, daß wir ernst machen mit der Entscheidung für Christus und der engen Pforte nicht ausweichen.
Wenn wir dabei bleiben, immer wieder, stehen wir unter einer großen Zusage: „Siehe, es gibt Letzte, die werden die Ersten sein, und es gibt Erste, die werden die Letzten sein.“ Diese Zusage gilt auch, wenn wir uns zum Verzicht auf weitere Rüstung und zur entschiedenen Abrüstung bekennen. Auf dem ersten Deutschen Evangelischen Kirchentag nach dem Krieg – im Jahre 1950 in Essen – hat der spätere Bundespräsident Heinemann den Hunderttausend in der Schlußversammlung zugerufen: „Die Welt braucht ganze Christen!“
Um ganze Christen zu werden, die unsere Welt so nötig braucht, werden wir zur Buße, zur Umkehr gerufen. Zu Jesus und auf seinen Weg. „Herr, meinst du, daß nur wenige gerettet werden?“ wurde Jesus gefragt. Nein, Gott will, daß viele, daß alle gerettet werden. Er will, daß sich die Menschen nicht selbst zerstören, zeitlich und ewig.
Darum will er auch, daß sich die Menschen dafür entscheiden, bei ihm zu bleiben auf dem Lebensweg. Er hat alles längst

eingerichtet – mit dem Weg, den Jesus gegangen ist, nach Jerusalem, ins Grab, zur Auferstehung. Von daher kommt auch Kraft, den heute geforderten Beitrag der Christen zur Rettung der Welt zu leisten. Amen.